백제문화원형의 이해

기획 충청남도
　　　충남문화산업진흥원
편집위원장 설기환
편집 충남문화산업진흥원(김동규)
　　　고려대(정창권, 윤종선)
　　　북코리아
감수 충청남도(최상진)
　　　충남문화산업진흥원(김동규, 이찬호)
　　　국립국악원(이숙희, 이윤주)

도움주신 분들
이성호님, 박윤근님, 유재룡님, 박일훈님,
이용식님, 심광섭님, 장장식님, 위철님, 강종원님,
이영희님, 조용진님, 이노쿠마님, 요다님 외
'백제 음원 및 콘텐츠 개발사업'에 도움주신
모든 분들께 감사드립니다.

문화산업총서 5
백제문화원형의 이해
백제금동대향로의 향기로 피워낸 오악사의 악기와 음악

2012년 2월 25일 초판 인쇄
2012년 2월 29일 초판 발행

지은이 ｜ 김동규, 박준형, 박진호, 송혜진, 윤양노, 윤종선,
　　　　　이숙희, 이윤주, 이찬호, 정창권, 조경철
펴낸이 ｜ 이찬규
교정교열 ｜ 정난진
펴낸곳 ｜ 북코리아
등록번호 ｜ 제03-01240호
주소 ｜ 462-807 경기도 성남시 중원구 상대원동 146-8
　　　　우림 2차 A동 1007호
전화 ｜ 02) 704-7840
팩스 ｜ 02) 704-7848
이메일 ｜ sunhaksa@korea.com
홈페이지 ｜ www.bookorea.co.kr
ISBN ｜ 978-89-6324-160-9 (94300)
　　　　　978-89-6324-144-9 (세트)

값 20,000원

● 이 책은 충청남도와 충남문화산업진흥원의 '백제 복식 및 콘텐츠 개발사업'을 통해 발행되었습니다.
● 본서의 무단복제를 금하며, 잘못된 책은 구입처에서 바꾸어 드립니다.
● 이 도서의 국립중앙도서관 출판시도서목록(CIP)은 e-CIP홈페이지(http://www.nl.go.kr/ecip)와
　국가자료공동목록시스템(http://www.nl.go.kr/kolisnet)에서 이용하실 수 있습니다.
　(CIP제어번호: CIP2012000904)

문화산업총서 5

백제문화원형의 이해

백제금동대향로의 향기로 피워낸 오악사의 악기와 음악

김동규 · 박준형 · 박진호 · 송혜진 · 윤양노 · 윤종선
이숙희 · 이윤주 · 이찬호 · 정창권 · 조경철

북코리아

제2부 백제금동대향로 관련 연구논문

제2부 백제금동대향로 관련 연구논문

제2부 백제금동대향로 관련 연구논문

백제문화원형을 만나다

최근 디지털 기술이 우리 사회의 전 분야에 적용되면서 문화산업이 새로운 고부가가치산업으로 떠오르고 있다. 이제 문화산업은 한 분야에만 고정되어 있는 것이 아니라, 다양한 분야로 연계되면서 '문화콘텐츠산업'이라는 말로도 불리고 있다. 문화콘텐츠산업은 잘 만든 하나의 콘텐츠를 다양한 분야와 연계하여 고부가가치를 창출하는 등의 산업을 말하는데, 시장규모가 세계 반도체산업의 5배, 조선산업의 약 16배에 이른다고 한다. 이러한 산업 규모만 봐도 앞으로 문화콘텐츠 관련 산업이 국가의 경쟁력을 좌우할 것임을 잘 알 수 있다.

현대사회에 이르러서는 탈산업화, 지식정보화사회로의 환경변화와 주 5일 근무제로 인한 여가시간의 증가, 문화에 대한 대중의 관심 증가와 그로 인한 문화소비층의 다양화, 전 세계적 한류(韓流) 확산의 영향 등 여러 가지 현상으로 인해 다양한 분야에서 문화산업이 연계되어 경제적 부가가치를 창출하고 있다.

우리나라는 1990년대 중·후반부터 문화산업의 중요성을 인식하게 되면서 정부 차원에서 정책적으로 문화산업을 육성, 지원하고 있다. 또한 1995년 지방자치제가 실시된 이후, 지방자치단체들도 지역 고유의 문화자원을 활용한 산업화에 많은 관심을 기울여왔다. 이는 제조업 중심의 경제구조가 지식기반사회로 변화되는 상황에서 지역의 문화자원이 지방경제의 활성화로 이어지는 등 새로운 가치를 찾을 수 있게 된 것이다. 이처럼 문화산업은 새로운 가치를 찾아 변화하는

15

시대 흐름에 따라 좋은 콘텐츠 하나를 잘만 활용하면 그 자체로 그치지 않고, 다양한 분야에 연계되면서 새로운 부가가치를 다양하게 창출하는 산업으로 성장하게 될 것이며, 어떻게 활용하느냐에 따라 그 잠재력은 무한할 것이다.

국가 단위에서 지방자치단체에 이르기까지 문화산업 고유의 잠재력을 활용하는 나라는 영국이 대표적이다. 영국에서는 문화산업을 '창조산업'으로 분류하고 있으며 1997년부터 세계 최초로 창조산업 육성을 정부의 중요정책으로 삼으면서 문화산업의 지역 확산을 위한 전문기구를 설립하는 등 정부와 지역 간의 협력을 아끼지 않고 있다. 이에 따라 각 지역에서는 기술과 전문인력, 각종 사업활동을 지원하고 있는데, 각종 문화 관련 시설을 유치하고 문화와 관광의 융합전략으로 새로운 사업을 발굴한다든지, 이와 관련된 마케팅과 자금유치활동 등을 통해 지역의 창조산업을 육성하고 있다.[1]

우리나라의 경우 지역의 문화산업은 각 지역만의 고유한 문화자원을 활용하여 그 지역의 특성을 살린 산업화에 초점을 두거나, 지역의 특성을 드러낼 문화자원이 없는 경우는 새로운 문화자원을 개발하여 산업화하는 방식으로 추진하고 있다. 대표적인 사례로 전남 장성은 고전소설『홍길동전』을 기반으로, 주인공이 역사 속 실존인물이라는 점을 되살려 고증을 통해 지역의 연고성을 찾고 다양한 콘텐츠 개발과 더불어 이를 축제에도 활용하였다. 또 전남 함평의 '나비축제'는 잘 보존된 자연환경을 소재로 문화자원을 개발하여 이제는 지역경제의 큰 수익모델로 자리 잡아가고 있다.

이와 같은 상황에서 백제문화의 중심지인 충청남도에서는 백제의 찬란한 문화유산인 백제금동대향로를 토대로 문화원형사업을 추진하였는데, 백제금동대향로에 새겨진 오악사와 그들이 연주하는 다섯 악기를 복원하여 백제의 소리와 음악 콘텐츠 개발과 다양한 활용을 위한 '백제 음원 재현 및 콘텐츠 개발사업'을 진행한 것이다. 이는 잃어버린 백제의 역사를 재조명하고 문화를 재발견해 현대 문

---

1   구문모, "문화산업 정책과 현황", 『문화산업과 문화콘텐츠』, 북코리아, 2010, 54쪽.

화콘텐츠로 재탄생시키려는 노력의 일환이다.

　백제의 고도(古都)인 공주와 부여가 자리 잡고 있는 충청남도는 1955년부터 '백제문화제'를 개최하고 있다는 점에서 백제의 역사와 문화를 이어왔다는 지역적 특수성을 갖고 있다. 이러한 특성은 지역의 문화산업을 성장시킬 수 있는 충분한 요소이지만, 아직까지 큰 성과를 거두지 못하고 있는 실정이다.

　이에 따라 충청남도는 2008년 10월, 백제문화산업 선양을 위한 '700년 대백제(어제와 오늘, 그리고 내일)'를 통해 백제문화 세계화의 비전과 목표, 분야별 추진과제를 제시하고, 추진기반 구축을 위한 세부지침을 발표하였다. 이에 따라 우선 1955년 부여에서 시작된 이후 공주와 부여에서 진행되어온 백제문화제를 2007년부터는 공주·부여의 동시 개최를 선언하고, 백제문화제를 전담할 백제문화제추진위원회를 설립하였다. 또한 일본 왓소 마츠리와의 교류협력을 체결하였으며, 이후 충남문화산업진흥원을 통한 적극적인 백제문화 콘텐츠산업을 발굴하고 육성하는 등 백제문화산업의 규모 확산과 질적 성장을 도모하면서 체계적이고 안정적인 성과를 창출해나가고 있다.

　백제의 소리 재현과 음원 콘텐츠 개발, 나아가 백제문화 콘텐츠산업을 육성·개발해 나가는 것은 하나의 콘텐츠를 발굴하고 새로운 것을 개발하는 것을 떠나 상징적으로도 중요한 의미를 갖게 된다. 또한 앞으로 일반인에게 쉽게 다가갈 수 있는 대중문화콘텐츠로 완성되어 대중에게 백제문화의 가치를 재인식시키고, 새로운 부가가치를 창출할 수 있을 것으로 기대하고 있다.

　이 책은 충청남도에서 진행한 '백제 음원 재현 및 콘텐츠 개발사업'의 내용을 종합적으로 정리한 것으로, 제1부에서는 문화원형 콘텐츠 사업에 대한 이해를 통해 이 사업을 추진하게 된 배경을 알아보고, 백제 음원 재현 및 콘텐츠 개발사업의 추진배경, 기본 계획을 시작으로 악기 복원 및 제작 등의 구체적인 추진내용과 이 사업의 성과와 향후 과제를 정리하였다. 제2부에서는 백제금동대향로와 관련된 총 8편의 유용한 연구논문을 수록하였다.

제1부

백제문화원형의
콘텐츠화

1

문화원형 콘텐츠화 사업

문화원형 콘텐츠화 사업은 우리의 역사, 문화, 전통, 민속, 생활 등 다양한 분야에 숨어 있는 이야깃거리나 우리 고유의 색채, 소리 등의 문화원형을 찾아 디지털 기술을 활용한 콘텐츠로 제작하고, 이를 문화콘텐츠산업에 필요한 창작 소재를 제공한다는 목적으로 시행된 사업이다. 특히 한국문화의 원형이라 할 수 있는 설화, 역사, 민속, 국악 등을 시대별, 장르별, 주제별로 디지털콘텐츠화하여 각종 문화콘텐츠산업의 기획, 시나리오, 디자인, 상품화의 산업 단계에 창작 소재로 제공한다는 취지 아래 '우리 문화원형의 디지털콘텐츠화 사업'이라는 이름으로 시작되었다. 이 사업은 문화관광부(현 문화체육관광부)와 한국문화콘텐츠진흥원(현 한국콘텐츠진흥원)에서 2002년부터 2006년까지 총 5개년 동안 550억 원 이상의 예산을 투입하여 추진되었으며, 다양하고도 방대한 고품질의 문화콘텐츠 창작 소재를 개발하였다.

문화원형 콘텐츠화 사업의 필요성

21세기에 들어서자 문화콘텐츠산업이 새로운 부가가치를 창출하게 되면서 국가경쟁력을 좌우하는 중요한 기반이 되고 있다. 세계적으로 경쟁력을 갖춘 문화콘텐츠는 차별화된 소재와 창의력을 바탕으로 영화나 애니메이션 같은 여러 분야에서 성공모델을 찾아볼 수 있다. 예를 들어 〈인어공주〉, 〈미녀와 야수〉, 〈뮬란〉, 〈쿵푸 팬더〉 등과 같은 애니메이션의 경우는 유럽이나 아시아의 설화나 동화에서 다양한 문화원형을 차용하기도 했다. 우리나라의 경우 정보통신산업이 발달하면서 문화콘텐츠의 제작 능력을 세계적으로 인정받고 있다. 그러나 아직까지 세계에 내놓을 만한 것은 개발하지 못했다. 이처럼 성공한 문화콘텐츠는 제작기술보다는 독특한 소재와 그것을 개발하는 능력이 무엇보다 중요하게 작용한다는 것을 인식하게 된 것이다. 이에 따라 문화원형의 보고인 우리의 역사, 문화, 전통, 민속 등에서 창작 소재를 찾아 테마별로 디지털콘텐츠화하여 문화콘텐츠산업에 필요한 창작 소재를 제공하여 문화콘텐츠산업의 국가경쟁력 향상을 도모해야 할 필요성이 대두되었다. 그리하여 정부는 우리의 문화콘텐츠산업이 세계시장에서 경쟁력을 가질 수 있도록 하기 위한 창작기반 구축사업을 마련하게 되었다.

문화원형 콘텐츠화 사업의 현황

문화원형 디지털콘텐츠화 사업은 2002년부터 제1차 문화원형 관련 디지털콘텐츠 개발 공모사업계획 공고를 필두로 체계적으로 추진되어왔다. 이후 문화원형 관련 디지털콘텐츠 제작기술 개발을 공고하고(제2차 공고), 우리 문화원형의 디지털콘텐츠화 사업 콘텐츠 개발사업자 선정 및 재선정(제3차 공고)을 위한 절차를 거침으로써 〈문화원형 디지털콘텐츠 개발 기반계획〉을 마무리하였다.

이후 2003년과 2004년 두 차례에 걸쳐 '우리 문화원형의 디지털콘텐츠화 사업 자유공모', '우리 문화원형의 디지털콘텐츠화 사업 지정공모'를 통해 의견을 수렴하였다. 이러한 개발계획을 바탕으로 2004년 추가경정예산사업을 추진한 후, 2005년과 2006년에 걸쳐 다시 한 번 '문화원형 디지털콘텐츠화 사업 자유공모', '문화원형 디지털콘텐츠화 사업 창작 연계형 자유공모', '자유공모(분리형) 개발기관 선정', '지정과제 공모', 지정공모를 재공모하는 등의 과정을 거치면서 많은 아이디어를 수렴해왔다.

공모사업의 지원대상은 애니메이션, 음악, 출판, 전자책, 만화, 캐릭터, 게임, 방송영상, 영화, 모바일 · 인터넷 문화콘텐츠 등 창작 소재화가 가능한 문화원형 관련 디지털콘텐츠의 제작 등이다. 그중에서도 주요 지원분야는 〈표 1.1〉과 같다. 단, 문화원형의 산업적 활용이 아닌 단순 기록 및 DB구축 또는 순수 학술연구 목적의 콘텐츠화와 관련된 부분은 이 사업의 지원대상에서 제외하였다.

〈표 1.1〉 우리 문화원형의 디지털콘텐츠사업 지원분야

지원분야	주요 내용
문화콘텐츠 시나리오 소재 개발 분야	문화콘텐츠 시나리오 창작 소재 개발을 위해 설화, 역사, 신화, 전설, 민담, 서사무가 등의 문화원형을 비교, 분석, 해설 및 재구성하여 디지털 표현양식에 맞춰 구성한 디지털콘텐츠
문화콘텐츠 시각 및 청각 소재 개발 분야	문화콘텐츠 시각 및 청각 소재 개발을 목적으로 고분벽화, 색채 등 미술, 구전민요 등 음악, 건축, 무용, 무예, 공예, 복식 등의 문화원형을 디지털 복원, 비교, 분석, 해설 및 재구성한 디지털콘텐츠
전통문화 · 민속자료 소재 콘텐츠 개발 분야	의식주, 관혼상제, 세시풍속, 민속축제 등 문화원형을 비교, 분석, 해설 및 재구성하여 문화콘텐츠 창작에 활용할 수 있도록 한 디지털콘텐츠

문화원형 콘텐츠화 사업의 전망

21세기 지식정보사회에서 디지털 기술의 발전은 우리 사회에 전반적인 변화를 가져왔으며, 특히 문화산업의 가치를 새롭게 인식시켜주었다. 이에 따라 선진국에서는 일찍부터 문화산업을 미래 성장산업으로 주목해왔다. 앞으로도 문화산업의 영향력은 더욱 확대될 것으로 보인다.

'우리 문화원형의 콘텐츠화 사업'은 우리의 오랜 역사와 전통문화를 바탕으로 미래의 문화산업에 풍부한 창작 소재를 제공할 것으로 기대된다. 따라서 차별화된 콘텐츠를 개발한다면 낙후된 문화산업의 경쟁력을 높일 것으로 보인다. 특히 이 사업은 인문학과 공학이 만나고, 전통문화와 첨단기술이 접목된 실질적인 21세기형 융합산업의 사업모델이라는 점에서 상상력과 창의력을 기반으로 축적된 지식을 공유하고, 다양한 아이디어를 창출하는 분위기에서 창의적인 콘텐츠 개발사업이 더욱 효과적이라 생각된다.

이제 문화산업은 급변하는 산업환경과 기술의 변화에 부응해야 하며, 이를 위해서는 환경변화에 대처하는 유연한 사고와 산업의 경쟁력을 갖출 수 있는 기반이 지속적으로 뒷받침되어야 할 것이다. 그에 따라 앞으로의 문화산업은 사회 전반의 트렌드를 반영하고, 인간의 감성을 체험할 수 있는 형태로 계속 발전해갈 것이다.

2

백제 음원 재현 및
콘텐츠 개발사업의 추진 배경

백제문화원형 콘텐츠화 사업은 우리의 전통문화와 역사 속에 숨겨진 각종 문화원형을 찾아 문화산업의 창작 소재로 제공하는 문화원형 콘텐츠사업과 관련하여 백제의 찬란한 문화유산을 토대로 백제의 문화원형을 발굴하고, 이와 관련된 콘텐츠를 고안하여 문화콘텐츠를 개발한다는 목적으로 진행하는 사업을 말한다. 최근 각 지역에서는 지역의 문화산업을 육성, 발전시키고 나아가 지역경제의 활성화를 도모하기 위해 문화콘텐츠산업에 많은 관심을 기울이고 있다. 그에 따라 각 지방자치단체마다 지역의 고유한 문화자원을 발굴하고 이와 관련된 콘텐츠를 개발하는 한편, 지역의 특성을 살린 문화산업을 개발해 지역경제의 수익모델로 자리 잡아가고 있다.

이러한 상황에서 충청남도는 백제문화원형 콘텐츠화 사업의 일환으로 2009년에서 2010년에 걸쳐 '백제 음원 재현 및 콘텐츠 개발사업'을 진행하였다. 이 사업은 교류왕국으로서의 700년 대백제의 부활과 빛나는 발자취를 찾아 잃어버렸던 백제의 역사를 재조명하고 백제문화를 재발견하여 현대적인 문화콘텐츠로 재탄생시키는 것을 말한다.

이를 위해 충청남도는 1993년 부여군 능산리에서 발굴된 백제금동대향로에서 백제문화의 전통과 문화원형을 찾아 차별화된 콘텐츠로 개발하였다. 특히 백제 금동대향로에 새겨진 오악사와 그들이 연주하는 악기는 이제까지 제대로 발굴되지 않았던 백제의 소리와 음악문화를 보여준다. 또한 우리 역사 속에서 일본으로 전래되었던 찬란한 백제 음악의 한 단면을 보여주는 중요한 단서가 된다. 이에 따라 충청남도 및 충남문화산업진흥원은 부여군과 백제문화추진위원회, 충남역사문화연구원을 중심으로 국립국악원, 국립민속박물관 등 유관기관과의 협력을 통해 백제문화원형사업의 기반을 다지게 되었다.

백제 음원 개발사업의 필요성과 의의

기존의 문화원형사업을 통해 개발된 콘텐츠들은 신라나 고려, 조선시대의 것들에 편향되어 있으며, 백제와 관련된 콘텐츠는 아직까지 제대로 개발되지 않았다. 백제문화의 대표적인 문화유산인 '백제금동대향로'는 많이 알려진 바와 같이 다섯 명의 악사와 그들이 연주하는 다섯 악기 및 복식 등을 통해 찬란했던 백제문화의 원형을 살필 수 있다.

이에 따라 백제문화원형사업은 백제의 소리 및 복식에 대한 고증과 복원, 더나아가 지속적인 연구를 통해 차별화된 요소를 찾게 될 것이다. 특히 백제 음원 재현 및 콘텐츠 개발사업을 통해 백제의 소리(음원)와 같은 청각과 관련된 전문적인 문화콘텐츠 및 백제 복식과 관련된 문화콘텐츠 등 청각과 시각으로 구성된 통합적인 백제문화 콘텐츠를 개발하게 될 것이다. 그렇게 되면 앞으로 백제의 소리 및 복식이 문화자원으로서의 의미뿐만 아니라, 충남지역의 백제문화 콘텐츠 개발에 창작 소재로 활용되어 지역문화와 실질적인 지역경제의 활성화에도 큰 영향을 미칠 것이다.

3

백제 음원의 재현 및
콘텐츠 개발의 기본 계획

사업 개요

충청남도는 2009년 백제의 찬란한 문화유산인 금동대향로를 토대로 한 백제
문화원형사업 추진을 통하여 백제의 소리 발굴과 관련 콘텐츠 개발, 더 나아가
이를 활용한 문화콘텐츠 개발사업과 연계한 '백제 음원 재현 및 콘텐츠 개발사업'
을 추진하였다.

1993년 충남 부여군 능산리 유적터에서 발굴한 백제금동대향로는 백제문화와
관련된 많은 정보를 제공해주는 동시에 백제의 문화원형을 잘 보여주는 유물이
다. 이 향로의 뚜껑에는 상상 속의 새인 봉황과 열대지방의 코끼리, 사자, 원숭이
같은 동물, 자연과 신선 등이 정교하게 새겨져 있는데, 그중에서도 5인의 악사가
각각 악기를 연주하는 모습은 백제 음악의 원형을 찾는 중요한 열쇠가 될 것이다.

본 사업을 추진하기 위해 2009년 4월 13일에 충청남도, 부여군, 국립국악원,
국립민속박물관이 업무협약(MOU)을 체결하였으며, 충남문화산업진흥원이 주관
기관으로, 백제문화제추진위원회와 충남역사문화연구원 등이 공동협력기관으로

총 일곱 개 기관이 참여하였다. 특히 국립국악원은 이 사업과 관련하여 악기 제작, 악곡 작곡, 복식 제작의 세 가지 사업을 진행하였다.

백제 음원 재현 및 콘텐츠 개발사업은 백제문화의 원형을 찾아 문화산업으로 개발하여 백제문화제 같은 지역축제와 연계하여 부가가치를 높이고, 백제문화의 우수성을 널리 알리고자 하는 것이다. 그러므로 백제의 문화를 총체적으로 담고 있는 금동대향로와 향로에 조각된 악사와 악기들을 통해 백제시대 음악과 예술성, 문화적 가치를 찾아 그것을 오늘날의 현대적인 감각으로 재현해내는 것이다.

이러한 사업을 추진하기 위해서는 역사적인 고증과 연구가 선행되어야 한다. 또한 관련 분야의 전문가나 유관기관과도 의견을 교류하면서 전문적이고 체계적인 접근이 이루어지도록 해야 한다. 그러므로 이 사업을 진행함에 있어서 학술적 기반에 중점을 두고 음악, 역사, 복식 등 여러 학문 분야를 통합해 해석하며, 다양한 가능성을 모두 수용하고자 하였다. 그리하여 악기와 복식은 연주용과 전시용으로 분리 제작한다는 기본 원칙을 정하고 다음과 같은 기본 계획을 수립하였다.

① 악기 제작에서는 연주 가능한 악기 및 백제금동대향로 악기와 근접한 형태의 악기를 제작한다는 기본 원칙을 세웠다.
② 악곡은 백제금동대향로의 악기에 관한 연구결과를 모두 수용하여 백제금동대향로의 악기로 해석된 악기를 바탕으로 작곡을 의뢰하였다.
③ 복식은 전시용과 연주용으로 구분하여, 전시용은 고증에 충실하게 제작하고 연주용은 고증을 바탕으로 하되 기능성을 가미하여 제작하기로 하였다.

음악과 음향을 활용하여 대중과 감성적으로 소통할 수 있는 문화상품적 가치를 지닌 콘텐츠를 개발하여 백제문화의 저변 확대를 도모하였다. 성공적인 사업 수행을 위해 국내 최고의 음원 연구진을 구성하고, 백제 음원과 관련한 문헌, 유물 등의 기초자료 수집을 통해 데이터베이스를 구축하였다.

음원은 악기의 크기와 형태, 재료 등에 따라 각기 다른 파장을 지니므로 그래픽 복원이 우선시되었다. 백제금동대향로의 오악사(五樂士)를 중심으로 악기의 크기, 형태, 구성요소들을 첨단 3D 기술을 활용해 그래픽으로 복원하였다.

한편, 백제의 가사를 총괄하여 정리하는 사업을 동시에 진행하였다. 이 과정을 통하여 백제 관련 시가를 수집하고 관련 자료를 데이터베이스화하였으며, 백제 금동대향로의 오악기 복원 시 연주할 작곡용 가사를 추출하였다.

3D 그래픽으로 복원된 악기는 아시아 일대의 전통악기를 기초로 하여 실제 연주가 가능한 악기로 복원하였다. 복원한 악기는 음원 가상 복원 시스템(SRS: Sound Restoration System)을 적용하였다. 이 과정을 통하여 악기의 크기와 형태, 재료에 대한 데이터를 입력하여 백제의 역사성 및 문화에 가장 어울리는 소리를 샘플링하였다.

백제 악곡은 국내의 저명한 작사가 및 작곡가를 위촉하여 창작하였고, 시연을 통해 미비점을 보완하고 편곡을 거쳐 최종 악곡이 완성되었다. 그리고 창작악단의 연주를 바탕으로 한 앨범 〈대백제의 숨결〉이 제작되었다. 또한 백제의 문화와 상징성을 뚜렷하게 나타내기 위해 오악사의 복식과 두발 모양을 재현하여 연주 시 착용하였다.

재현한 음원은 2010년 세계대백제전의 개·폐막식 및 2010년 일본 '왓소 마츠리' 초청 공연 시 사용되었으며, 앞으로 다양한 산업화를 통해 그 영역을 확대해 나갈 예정이다.

목적 및 필요성

충청남도는 '교류왕국 700년 대백제의 화려한 부활과 그 빛나는 발자취'라는 슬로건을 내세워 잃어버린 백제의 역사를 재조명하고 문화를 재발견해 현대적인 문화콘텐츠로 재탄생시키는 노력을 기울여왔다. 이러한 노력의 일환으로 2008년

10월에 백제문화산업 선양을 위한 '700년 대백제(어제와 오늘, 그리고 내일)'를 통해 백제문화 세계화의 비전과 목표, 분야별 추진과제, 추진기반 구축을 위한 세부지침을 발표하였다.

또한 1955년부터 충남 부여에서 처음 개최된 이후, 백제문화의 중심인 공주와 부여에서 진행되어오던 백제문화제를 2007년에 공주·부여 동시 개최를 선언하게 된다. 이에 따라 백제문화제의 성공적인 개최와 지속적인 발전을 위해 백제문화제추진위원회를 설립하고, 일본 왓소 마츠리와의 교류협력을 체결하였다. 또 충남문화산업진흥원을 통한 적극적인 백제문화 콘텐츠사업을 개발·육성하는 등 백제문화산업의 규모 확산과 질적 성장을 도모해 체계적이고 안정적인 성과를 창출해내고 있다.

그러나 백제문화산업의 저변 확대와 활성화를 위한 문화콘텐츠 개발은 물리적인 시간과 지속적인 투자 면에서는 아직 부족한 실정이다. 일례로 보는 즐거움을 위한 문화콘텐츠 개발은 지속적이면서도 다양하게 진행되어왔다. 하지만 오감(五感)의 하나인 청각과 관련된 전문적인 문화콘텐츠 개발은 아직까지 미미한 수준이다. 특히 백제의 소리에 대한 연구는 지속적으로 추진되지 못했다.

그러므로 백제의 문화콘텐츠산업이 자생력을 갖기 위해서는 콘텐츠의 기획·창작·제작과 함께 유통·소비까지 포함하는 완결구조를 갖추어야 한다. 그래야만 유통·소비 인프라 구축을 통해 시장에서의 백제문화 콘텐츠의 가치 실현이 가능해지고, 이를 통해 실용적 수익모델이 창출되어 실질적인 지역경제 활성화가 가능하기 때문이다.

백제의 소리를 재현하고 음원콘텐츠로 개발한 후 산업화를 통해 백제문화산업을 육성·발전시켜 나간다는 것은 하나의 콘텐츠 발굴이나 개발을 떠나 상징적으로도 중요한 의미를 가지게 된다. 백제의 문화원형을 찾아 이를 현 실정에 맞게 재가공하여 일반인에게 쉽게 다가갈 수 있는 콘텐츠로 완성한다면 백제의 소리는 문화자원 자체로서의 의미뿐만 아니라 백제의 문화자원이 산업화가 가능한 성공모델로 재탄생할 수 있는 기회요소가 될 수 있기 때문이다.

추진체계

백제 음원 재현 및 콘텐츠 개발사업은 2009년부터 2010년에 걸쳐 악기 복원과 백제 음원 재현, 백제 악곡 창작, 백제 오악사 복식 및 두발 등 백제 음악 관련 문화를 창작 소재로 개발하고, 이를 공연콘텐츠로 활용하여 문화콘텐츠로 산업화한 것을 말한다. 이 사업을 진행하기 위해 충청남도, 부여군, 국립국악원, 국립민속박물관, 백제문화제추진위원회, 충남역사문화연구원 그리고 충남문화산업진흥원 등 총 일곱 개 기관이 참여하였으며, 2009년 4월 13일 충청남도, 부여군, 국립국악원, 국립민속박물관이 음원 복원 및 관련 콘텐츠 개발 업무 협약을 추진하게 되었다.

〈표 3.1〉 참여기관별 역할 구분 총괄표

구 분	역 할
충청남도	- 사업 주최: 사업 추진을 위한 행정, 예산 등 지원 및 관리 - 개발 콘텐츠 공연 및 대백제전 활용: 재현된 악기 · 합주곡 등을 활용한 공연 및 대백제전 적극 활용(BGM, 개막 · 순회공연 등)
부여군	- 악기 재현: 금동대향로 오악사(악기)를 중심으로 한 악기 재현 - 백제 가사 정리: 백제 관련 가사 수집 및 관련 자료 DB화
국립국악원	- 악기 재현 및 고증, 제작: 금동대향로 오악사(악기)를 중심으로 한 악기 재현 - 백제 음원콘텐츠 제작: 재현된 악기를 기초로 음원콘텐츠 개발, 재현된 악기를 연주할 수 있는 합주곡 작곡 및 시연(연주 등)
국립민속박물관	- 백제 가사 정리: 백제 관련 가사 수집 및 관련 자료 DB화 - 콘텐츠 리서치 · 고증 및 마케팅 지원(충남역사문화연구원 협업): 콘텐츠 개발에 따른 전문 자료수집 및 고증, 콘텐츠 활성화 방안 모색 및 시장 확대 지원
충남문화산업진흥원	- 사업 총괄: 콘텐츠 개발 · 산업화 추진에 따른 관련업무 총괄 및 관리 - 3D 작업을 통한 오악사 원형 도출: 금동대향로 오악사(악기) 그래픽 복원 - 백제 음원콘텐츠 제작: 재현된 악기를 기초로 음원 개발 - 백제 음원 재현사업 총서 『백제문화원형의 이해』 제작 - 백제 음원 재현 컨퍼런스 개최: 복원 및 콘텐츠 개발, 연구내용 발표
백제문화제추진위원회	- 개발 콘텐츠 공연 및 대백제전 활용: 재현된 악기 · 합주곡 등을 활용한 공연 및 대백제전 적극 활용(BGM, 개막 · 순회공연 등)
충남역사문화연구원	- 콘텐츠 리서치 · 고증 및 마케팅 지원: 콘텐츠 개발에 따른 전문 자료수집 및 고증, 콘텐츠 활성화 방안 모색 및 시장 확대 지원

백제문화의 전통과 문화원형을 찾기 위해 참여기관별 역할 구분을 통한 사업 실행으로 시너지 효과가 창출되었고, 각 기관별 커뮤니케이션을 통해 우수한 문화콘텐츠의 발굴, 개발에 노력하였다.

특히 국악전문기관인 국립국악원은 백제금동대향로 음원 및 콘텐츠 개발과 관련하여 악기 제작, 악곡 작곡, 복식 제작의 세 가지 사업을 진행하였다. 사업을 진행함에 있어서 학술적 기반에서 진행하여 음악, 역사, 복식 등 여러 학문 분야를 통합하여 해석하며 다양한 가능성을 모두 수용하였다. 그리하여 악기와 복식은 연주용과 전시용으로 분리하여 제작한다는 기본 원칙을 세웠다.

이 사업은 백제 악기와 음악을 재현하여 문화콘텐츠로 개발하는 것으로, 음악과 음향을 활용하여 대중과 감성적으로 소통할 수 있는 문화상품적 가치를 지닌 콘텐츠를 개발하여 백제문화의 저변 확대를 도모하는 것이다. 그러므로 백제 음원과 관련된 문헌, 유물 등의 기초자료 수집과 조사 등 학술적 연구가 바탕을 이루게 된다.

악기 제작에 앞서 학술적 연구와 함께 첨단 3D 기술을 활용해 백제금동대향로의 오악사(五樂士)를 중심으로 악기의 크기, 형태, 구성요소들을 3D 그래픽으로 복원하는 오악사 악기 디지털 복원사업이 선행되었다. 이후 3D로 복원한 그래픽 및 아시아 일대의 전통악기를 기초로 하여 실제 연주가 가능한 악기를 복원, 제작하게 된다.

창작악곡의 작사 및 작곡은 백제 가사 정리사업을 통해 백제금동대향로의 오악기 복원 시 연주할 창작곡의 가사를 추출하고, 이를 기초로 국악 전문 작곡가를 통해 음원 추출 및 작곡을 진행하게 된다. 이 과정을 통해 백제 소리 샘플링과 백제곡 창작, 편곡을 거쳐 최종 악곡을 완성하게 된다.

복식 제작에서는 오악사의 복식과 두발 모양을 재현하여 연주 시 착용할 수 있도록 하기 위해 연구TF팀 구성·운영, 연구·고증을 거쳐 제작 방향을 설정한 후, 그래픽 도안을 작성하고 실제 크기로 디자인해서 작품을 완성하게 된다. 이 과정을 통해 남녀 복식과 두발, 장신구(신발) 제작이 이루어졌다.

4

백제 음원 재현 및
콘텐츠 개발사업의 내용

　백제 음원 재현과 콘텐츠 개발은 백제의 소리를 문헌이나 관련 유물을 통해 철저히 고증하고 연구하여 재현한 후, 백제문화의 원형을 밝힘과 동시에 백제문화의 우수성을 널리 알리고자 하는 것이다. 또한 이를 활용한 콘텐츠를 개발하여 문화산업과 지역경제의 활성화를 도모할 수 있을 것으로 기대된다. 그러므로 백제의 소리를 제대로 복원하기 위해서는 학술적 연구와 악기 고증을 통해 실제로 연주된 음악을 들을 수 있어야 한다.

　백제 음원을 복원, 재현하기 위해서는 악기 고증과 복원, 악곡 작곡, 연주를 위한 복식과 두발 모양 재현 과정이 필요하다. 이를 통해 백제 음악의 원형을 찾게 될 것이다.

　이처럼 백제 음원 재현사업은 백제 음악의 원형을 찾아 이를 현대에도 실제로 연주해서 직접 들어보고 이를 다양한 분야에 활용함으로써 백제 음악의 가치와 의미를 찾는 것이다. 이를 위해서는 소리를 낼 수 있는 악기와 악기를 연주할 수 있는 악사가 필요하다. 다행히도 백제금동대향로에는 다섯 명의 악사와 이들이 연주하는 악기가 세밀하게 조각되어 있는데, 그것들의 원형과 실제 연주형태를 파악하면 백제의 소리를 살려낼 수 있을 것이다. 그러므로 음원 재현사업에서는 먼저 악기 고증과 복원, 제작이 이루어진 후 백제 음원 재현 및 작곡이 이루어졌다. 또한 백제시대의 악기 연주모습 그대로 재현하기 위해서는 연주복식의 재현도 필요하다. 그래서 작곡된 백제 음악을 연주할 때 입을 오악사의 복식과 두발 모양을 재현하게 되었다.

〈표 4.1〉 백제 음원 재현 및 콘텐츠 개발사업의 추진 내용

일 자	추진 내용	참여기관
2009. 4. 13	- 충청남도, 부여군, 국립민속박물관, 국립국악원 등과 업무협약(MOU) 체결 - 충남문화산업진흥원이 주관기관으로, 백제문화제추진위원회, 충남역사문화연구원을 공동협력을 위한 참여기관으로 선정, 7개 기관 참여.	
2009. 5. 5~8	일본 나라현 천리대, 오사카 법륭사 일원 답사	주관(참여)기관 전체
2009. 4. 30~ 10. 13	백제금동대향로 오악사 악기 3D 디지털 복원 진행	박진호 (디지털 복원전문가)
2009. 6. 15	백제 가사 정리 자문위원회 개최	
2009. 6. 29	백제 가사 정리사업 세미나	
2009. 7. 6~10	중국 고대악기 현지조사 공동 출장	충남도청, 국립국악원, 충남문화산업진흥원
2009. 7. 21	백제 음원 및 콘텐츠 개발을 위한 학술회의 개최: 백제 금동대향로 악기의 성격	주관(참여)기관 전체
2009. 8. 17~ 2010. 1. 13	백제 가사 정리 학술연구용역 실시	전남대학교 지역문화교육연구개발센터
2009. 9. 1~ 10. 30	백제의 노래(가칭) 작시 의뢰	
2009. 9. 3	작곡을 위한 해외 연주자 워크숍	
2010. 2. 25	백제금동대향로 음원 및 콘텐츠 개발을 위한 시연회(및 결과보고)	
2010. 4. 1	백제금동대향로 음원 및 콘텐츠 개발을 위한 연주보고회 개최	
2010. 5~12	백제 오악사 복식 및 두발 모양 재현사업 진행	국립국악원

(계속)

일 자	추진 내용	참여기관
2010. 6. 8~9	국립국악원 창작악단 특별기획공연: 2010년 세계대백제전 D-100 기념공연 '대백제의 숨결'	국립국악원
2010. 7. 2~4	오악사 복식 관련 자료조사를 위한 일본 출장	충남도청, 충남문화산업진흥원
2010. 8. 6	오악사 복식 관련 세미나	
2010. 8. 17	백제 오악사 복식 및 두발 모양 재현사업 세미나 결과 보고	주관(참여)기관 전체
2010. 8. 20	'대백제의 숨결' 음반 제작	충남문화산업진흥원
2010. 9. 13	백제금동대향로 오악기 및 오악사 복식 전시보고	주관(참여)기관 전체
2010. 9. 17~18 / 10. 17	- 2010년 세계대백제전 축제 개·폐막식 공연 - '대백제의 숨결' 공연 백제 오악사 복식 및 두발, 장신구(신발) 활용	주관(참여)기관 전체
2010. 10. 2~3	한일 축제 한마당 공연	
2010. 11. 1~	오악사 복식 전시(부여군 백제역사문화관, 박물관, 국립국악원 백제 오악사 복식 전시)	부여군, 국립국악원
2010. 11. 7	일본 왓소 마츠리 초청 공연	주관(참여)기관 전체
2010. 11. 30	백제금동대향로 문화상품 개발 및 제작(오악기 미니어처 등)	충남문화산업진흥원
2010. 12. 16	고악기 연주회	국립국악원
2011. 5~11	백제 음원의 산업화를 위한 대중성 보유 및 행사·공연 등에 활용 가능한 백제문화 음원콘텐츠 개발	충남문화산업진흥원
2011. 11~	'백제의 혼', '영원을 꿈꾸는 백제' 멜론, 소리바다, 네이버, 네이트(싸이월드) 온라인 유통 서비스 진행 중	충남문화산업진흥원, 로엔 Ent.

1) 기초조사 및 악기 고증

백제를 대표하는 유물인 백제금동대향로는 1993년 충남 부여읍 능산리 유적 터에서 발굴되었는데, 7세기 초에 제작된 것으로 알려져 있다. 문화재등록명칭은 부여능산리출토 백제금동대향로이며 '백제금동용봉봉래산향로'라고도 하는데, 1996년 5월 30일 국보 제287호로 지정되었다. 높이 61.8cm, 무게 11.8kg에 이르는 대형 향로로, 향로 외부에는 현실에서 볼 수 있는 동물과 상상 속 동물, 자연, 신선과 악사 등 140여 개가 넘는 진귀한 물건과 인물들이 조각되어 있다. 이처럼 다양한 모습이 새겨진 백제금동대향로는 백제인의 문화와 정신세계를 유추해볼 수 있는 귀중한 자료이다.

그중에서 주목해볼 대상은 5인의 악사와 그들이 연주하고 있는 다섯 개의 악기이다. 이 악기들은 향로 뚜껑에 있는 봉황새 바로 밑에 있는데, 다섯 마리의 기러기 사이사이에 약간 감춰진 듯 안쪽에 위치해 있다. 5인의 악사들은 각각 4~5cm 정도의 크기이며, 인체 모양이 균형 있고 아주 세밀하게 새겨져 있다. 악기 역시 모양이나 크기가 매우 세밀하고 사실적으로 조각되어 있다. 이러한 악사들의 연주자세와 악기의 외형은 음향원리를 추정해볼 수 있는 중요한 단서가 된다.

〈그림 4.1〉 백제금동대향로

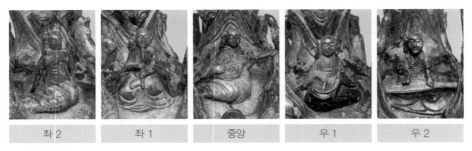

| 좌 2 | 좌 1 | 중앙 | 우 1 | 우 2 |

〈그림 4.2〉 백제금동대향로의 오악사 이미지

다섯 명의 악사가 연주하는 다섯 개의 악기의 명칭에 대해 여러 의견이 있다. 또한 아직까지도 통일된 명칭이 부여되지 않았다. 향로가 공개된 이후 국립박물관에서 제시한 자료에 의하면, 전문가들이나 언론사에서도 다른 명칭을 사용하고 있다. 향로 정면의 현악기를 중심으로 좌우 순서상 악기의 명칭을 정리해보면 〈표 4.2〉와 같다.

『북사』(北史), 『수서』(隋書), 『통전』(通典) 등의 기록에 의하면, 지금까지 알려진 백제의 악기는 고(鼓), 각(角), 공후(箜篌), 쟁(箏), 우(竽), 지(篪), 적(笛) 등이 있었다. 그러나 백제금동대향로가 발견됨으로써 5종의 악기를 추가하여야 할 것으로 보인다. 이에 따라 백제 음악에 대한 인식도 크게 달라질 것으로 보인다.

백제 음원 재현 및 콘텐츠 개발사업은 백제의 고유한 음원을 발굴하여 콘텐츠화한다는 점에서 학술적 연구와 고증이 무엇보다 중요하다. 그러나 이 사업을 추

〈표 4.2〉 오악기 명칭 비교

구 분	좌 2	좌 1	중앙	우 1	우 2
송방송	배소	장소	완함	북	거문고
전인평	소	통소	완함	북	쟁
이영희	소	피리	월금	북	거문고
일간신문사*	소	피리	비파	북	현금

* 일간신문사는 서울신문, 경향신문, 조선일보, 한국일보를 말함.

진하면서 부딪친 애로사항은 현재 백제 관련 음악문화에 대한 국내 자료가 전무(全無)할 정도로 알려진 것이 없다는 것이었다.

이처럼 국내 자료는 거의 없는 상황에서 다행스럽게도 백제와의 교류가 활발했던 일본에 백제의 문화가 전해지고 있다. 일본에는 백제의 전통 민속악기, 문헌, 유물 등이 많이 남아 있다. 특히 천리대는 백제의 교류지로, 백제의 문화(미마지 전통)가 가장 잘 계승되고 있다. 그래서 일본의 고대악기, 사례 수집을 위해 천리대는 반드시 답사해야 할 곳이었다. 따라서 일본에 전해지는 백제문화에 대한 연구는 본 사업에서 추진하는 백제금동대향로 오악사와 오악기 복원과 소리 재현, 작곡 등 모두 밀접한 관계가 있다.

일본 답사는 2009년 5월 5일부터 8일까지 이루어졌으며, 일본 나라현(천리대), 오사카(법륭사) 일원 현지답사와 공연관람을 통해 악기 복원과 고증에 필요한 관련 자료 조사와 자문을 얻었다.

천리대가 위치한 나라현 자체는 천리교를 바탕으로 한 지역으로 공공기관, 교육시설, 문화 등 대부분이 천리교와 밀접한 관계를 갖고 있다. 천리대 역시 천리교에서 설립한 대학으로, 기악부에서 종교의식 행사의 일환으로 일본의 고대음악이 전수되고 있는 곳이다. 또한 천리대 일원은 전통악기 상점들이 밀집해 있는 곳으로, 일본의 전통악기들 중 백제금동대향로의 오악기와 비슷한 형태의 악기, 소품들과 연주·작곡과 관련된 서적 등을 조사할 수 있었다.

먼저 천리대에서는 일본 고악기의 연주음을 청취하고 채집할 수 있었다. 기악 연주팀이 합주와 악기별 독주에 따라 일본 고악기의 소리를 직접 들을 수 있었던 것이다. 이 연주음은 백제 악기의 소리 재현과도 깊은 관련성을 찾을 수 있을 것으로 보였다. 천리대 일원에 밀집한 전통악기 상점에서는 일본 악기 관련 유물(악기, 탈 등)을 관람하고 촬영하였다.

천리대 박물관은 동남아시아 국가의 유물을 많이 보유하고 있는 것이 특징인데, 여기서는 백제 음악 관련 유물 자료도 소장하고 있어 음악과 관련된 유물 이미지를 수집할 수 있었다. 이러한 자료는 악기 제작과도 연관된다.

다음으로 동대사와 정창원에서는 삼국시대의 유물에 대해 조사하였다. 백제계 사람들로 알려진 행기와 양변 스님에 의해 건축되고 세계 최대의 목조건물로 알려진 동대사[1] 주변에는 전통기념품관이 있는데, 여기에서도 전통문화상품을 조사할 수 있었다. 정창원은 삼국시대의 많은 유물이 잘 보존되어 있는 곳으로, 유물에 대한 문헌도 확인되어 역사·문화적으로 상당한 가치를 인정받고 있는 곳이다. 이곳에서는 백제의 악기 유물과 관련 악보를 확인할 수 있었다.

오사카에 있는 법륭사에는 백제 관련 유물이 많아 관람 및 촬영을 요청하였으나 관람만 가능할 뿐 촬영은 원칙적으로 불가하였으며, 관람시기도 제한되어 관련 자료를 제대로 확인할 수 없었다. 그러나 앞으로 관련 세미나 및 워크숍 개최 시 백제 음악과 관련된 자료와 정보를 제공받기로 하였다. 또한 백제금동대향로에 보이는 오악사나 오악기에 대한 자문과 백제 음악에 대한 정보를 얻을 수 있었다.

일본 기악 공연인 '게니요산조에 마츠리'는 백제의 기악(무용, 악기 등)이 일본에 전수되어 가장 잘 계승되어온 공연이다. 이 공연을 통해 백제의 악기와 음색을 엿볼 수 있다. 중앙에 무대가 있고, 사방에 객석이 있어서 배우들이 공연 도중 무대와 객석을 오갈 수 있게 되어 있는 것이 특징인데, 우리나라의 마당놀이 형태와 흡사한 것이 특징이다.

이와 같이 일본 현지답사는 백제의 전통 민속악기, 문헌, 유물과 고악기의 음색, 관련 악보 등 많은 자료를 수집하였고, 이것을 악기 복원과 악곡 제작, 복식 재현 등에 활용할 수 있었다.

백제 오악사 음원 재현 및 콘텐츠 개발을 위한 해외(일본) 사례조사 일정별 주요 활동사항은 다음과 같다.

---

1   일본은 중국의 도움으로 지어진 절이라 주장하며 역사적 사실을 왜곡하고 있다.

1일차(2009. 5. 5)

1. '게니요산조에 마츠리' 참관(일본 기악 공연)
    ① 백제의 기악(무용, 악기 등)이 일본에 전수되어 가장 잘 계승되어온 공연으로, 백
       제의 악기와 음색을 엿볼 수 있는 문화콘텐츠임.
    ② 공연자: 천리대 기악 공연단(지도교수: 사토 고지)
    ③ 특이사항
       – 야쿠시지는 천리교와 밀접한 관계를 가지며, 1년에 한 차례 기악 공연과 함께 종
         교행사를 진행함.
       – 기악 공연은 중앙의 무대를 중심으로 진행되며 사방이 객석으로, 공연 도중 무대
         와 객석을 오가는 우리나라의 마당놀이 형태와 흡사함.

〈그림 4.3〉 야쿠시지 초입의 비석 및 전경

〈그림 4.4〉 천리대 기악 공연단의 공연 모습

2일차(2009. 5. 6)

1. 일본 전통악기 자료조사
일본의 전통악기들 중 백제금동대향로 오악기와 비슷한 형태의 악기 · 소품들과 연주 · 작곡과 관련된 서적 등을 조사함.

〈그림 4.5〉 일본 전통악기점/전통악기/연주법 관련 서적

2. 천리대 기악 연주팀 방문
① 진행사항
 - 일본 고악기 연주음 청취 및 채집(합주 및 악기별 독주)
 - 일본 기악 관련 유물(악기, 탈 등) 관람 및 촬영
 - 백제 음원 재현 및 콘텐츠 개발 관련 자문 및 연구방안 등 협의
② 특이사항
 - 나라현 자체가 천리교를 바탕으로 한 지역으로 공공기관, 교육시설, 문화 등 대부분이 천리교와 밀접한 관계를 갖고 있음. 천리대 역시 천리교에서 설립한 대학으로, 공연을 맡았던 기악부에서 종교의식 행사의 일환으로 전수되었음.
 - 공연단 역시 천리대 학생들로 구성되어 있으며, 유대관계가 매우 좋아 직업을 가지고 있는 사람도 지속적으로 동아리 활동에 참여하고 있음.

〈그림 4.6〉 고악기 연주, 사토 고지 교수 자문 및 악기 분석

〈그림 4.7〉 천리대 기악 탈 및 전통악기

3. 천리대 박물관 방문
　① 진행사항
　　－ 박물관 소장 백제 음악 관련 유물 자료 수집
　　－ 음악과 관련된 유물 이미지 수집(소장품들이 동남아시아 국가의 유물들로 구성
　　　되어 있음.)

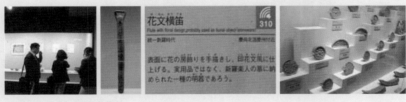

〈그림 4.8〉 백제 관련 유물

〈그림 4.9〉 중국 악사상

4. 동대사(東大寺) · 정창원(正創院) 방문
 ① 동대사 견학 및 자료조사
  - 동대사는 세계 최대의 목조건물로 백제계 행기와 양변 스님에 의해 건축된 절로
    알려져 있음.
  - 주변에 전통기념품관이 있으며 관련 문화상품을 조사함.

〈그림 4.10〉 동대사와 문화상품

 ② 정창원 방문
  정창원은 삼국시대의 많은 유물이 잘 보존되어 있으며, 유물들에 대한 문헌도 확인
  되어 역사 · 문화적으로 상당한 가치를 인정받고 있음.

〈그림 4.11〉 정창원 안내표지판과 건물

3일차(2009. 5. 7)

1. 법륭사 방문
 ① 진행사항
  - 법륭사 소유 백제 관련 유물 관람 및 촬영
  - 향후 관련 세미나 및 워크숍 개최 시 참여 논의
  - 백제 음악과 관련된 자료와 정보 제공 및 전달 요청

〈그림 4.12〉 법륭사 전경 및 집사장 면담

〈그림 4.13〉 법륭사가 보유한 백제 관련 유물

이후 백제 음원 재현 및 콘텐츠 개발사업에 참여한 분야(국악, 미술해부학, 디자인 등)별 전문가를 중심으로 연구TF팀을 구성하여 자료조사 및 수집된 자료를 활용하여 정밀하고 상세한 연구를 진행하였다. 연구된 결과는 연구논문으로 발표하였으며, 내용을 살펴보면 다음과 같다.

(1) 백제금동대향로의 화생전변적 상징구조와 제작 목적[2]

백제금동대향로의 상징구조에 대해서는 몸체의 연꽃과 뚜껑의 산에 주목해왔다. 뚜껑에 조각된 산은 중국 박산향로의 영향으로 보이고 도교적 특징을 강조하였으며, 몸체에는 연꽃을 강조하여 용 – 연꽃 – 산 – 봉황으로 이어지는 구도를 연화생(蓮化生)이라는 관점에서 파악하였다. 즉 용은 연꽃의 출현을 준비하는 장치로 보았으며, 산은 물론 연화생에 의한 결과이며, 봉황은 연화생에 의해 생긴

---

2   조경철, "백제금동대향로의 화생전변적 상징구조와 제작 목적", 『國樂院論文集』 제23호(기획논문 2: 백제금동대향로, 2011), 119-143쪽.

산과 연결되어 있다는 것이다.

하지만 백제금동대향로는 연꽃이 차지하는 의미 이상으로 용과 5악(樂)도 중요한 의미를 갖고 있다. 먼저 용은 향로의 1/3 이상을 차지하며 연꽃보다 크다. 5악은 중국의 '박산향로'에는 보이지 않는 요소로 백제의 특성이 잘 나타나 있다. 따라서 용에 의한 연꽃의 출현, 5악에 의한 봉황의 출현을 연화생의 원리로만 파악하는 것은 향로의 역동적인 생성구조를 표현하기에 한계가 있다. 그래서 변화무궁, 생성무궁, 전변무궁이라는 의미의 전변을 화생과 결합하여 전변화생이라는 용어를 만들어보았다. 이에 기반하여 용에 의한 연꽃의 출현을 용전변, 연꽃에 의한 산의 출현을 연화생, 5악에 의한 봉황의 출현을 악전변으로 파악해보았다.

다음으로 향로의 5악(樂)은 5음(音)으로 『예기』에 의하면 군, 신, 민, 인사, 만물의 조화를 의미한다고 한다. 백제 위덕왕은 성왕의 전사로 표면에 등장한 사상계와 정치계의 갈등을 성왕의 삼년상으로 타개해나갔으며, 이때 대향로가 만들어진 것으로 보인다.

그러므로 위덕왕은 백제금동대향로를 통해 유·불·도 3교의 화합과 정치적 갈등을 해소하려 했으며, 그 중심은 5악이 표방하고 있는 예악사상이 있었다.

(2) 백제금동대향로 주악상의 금쟁류 현악기 고찰[3]

백제금동대향로의 주악상에 표현된 금쟁(琴箏)류 현악기는 금(琴), 쟁(箏), 거문고 등으로 해석된 바 있다. 그런데 기존의 연구는 각각 전거를 들어 악기의 성격을 규명하고 악기 명칭을 명명하였지만, 연구에 따라 객관적인 체계를 제시하지 않은 것도 있을 뿐만 아니라 그 해석이 보편적으로 통용되는 것도 아니다.

이에 본고에서는 기존의 연구를 보완하고, 보다 객관적인 체계 안에서 그 성격과 정체성을 규명할 필요하다고 판단되어 악기학적인 연구관점과 동북아시아 금

---

3   송혜진, "백제금동대향로 주악상의 금쟁류 현악기 고찰", 『國樂院論文集』 제23호(기획논문 2: 백제금동대향로, 2011), 63-86쪽.

쟁류 현악기의 연구방법론을 적용하였다. 동북아시아 금쟁류 악기 유물 및 도상 자료를 참고한 기존의 연구에서는 출토지, 제작연대, 크기, 현의 구멍과 현의 수, 현의 고정방법, 울림통의 구조와 모양, 현주(絃柱), 연주법, 연주자의 성별과 복식, 문화적·상징적 의미 등이 중시되었는데, 본고에서는 위의 각 항을 유사 악기의 유물과 도상자료를 참고하여 백제금동대향로의 성격을 다음과 같이 기술할 수 있었다.

첫째, 악기의 크기는 길이 110cm, 폭 20cm 내외로 추정되었는데, 이는 150cm 이상의 길이를 가진 쟁류 악기보다 110cm 내외의 금류(琴類) 악기에 가깝고, 6세 기 이전의 고대유물 및 도상자료에서 보이는 고형의 악기와 유사하다. 둘째, 악 기의 몸통 구조와 모양은 긴 장방형이기는 하나 보편적인 금쟁류 악기와 다르며, 이와 유사한 예를 찾아보기 어려운 이형(異形)이다. 울림통은 하나의 판(板)으로 이 루어져 상자(箱子)식 혹은 구유[槽] 모양의 금쟁류 악기와 차이가 있고, 막대[棒] 모 양의 공명통과도 다르다. 셋째, 현의 구멍[絃孔]은 미상이며, 현의 수[絃數]는 2~3 현으로 표현되어 있는데, 울림판의 폭에 비해 현의 수가 적다. 본래 적은 것인지, 적게 표현된 것인지는 알 수 없지만, 울림판의 폭에 걸린 현의 수를 금과 비교했 을 때 7현 이하로 추정된다. 넷째, 현의 고정방식은 여러 금쟁류 악기 중에서 금 에 가장 가깝다. 다섯째, 현주(絃柱)는 표현되지 않았는데, 본래 없었던 것인지 표 현이 생략된 것인지 알 수 없다. 여섯째, 연주법은 가부좌 자세로 앉아 울림통을 무릎에 올려놓고 양손을 울림통에 얹은 자세로, 고대 금쟁류 현악기 연주법에서 흔히 볼 수 있는 형태이다. 일곱째, 주악인물상은 여성으로 추정되며 복식은 유 (襦), 상(裳), 포(袍), 대(帶)를 갖추었다. 여덟째, 금쟁류 현악기는 백제금동대향로의 다른 주악상과 마찬가지로 도교와 불교가 융합된 사상적 배경 및 제의적인 성격 을 띠고 있는 것으로 볼 수 있다.

따라서 이와 같은 특징을 정리하면, 백제금동대향로의 금쟁류 현악기는 유례 를 찾아볼 수 없다는 점에서 백제의 지역성을 반영한 '고유' 현악기로 정의할 수 있다. 악기의 크기와 울림통의 구조, 현의 고정방법을 고려해볼 때 악기의 계통은 금쟁류 현악기 중에서 '금'에 가깝고, 시기적으로는 6세기 이후 금쟁류 현악기가 오늘날과 같은 형태로 변천하기 이전 단계의 고형(古形)의 모습을 보여준다. 이를 근거로 거문고나 가야금과 다른 '백제금'(百濟琴) 혹은 고대 일본에서 한반도 도래(渡來)의 현악기를 한금(韓琴, 大理須古, '多理志古')이라고 명명한 예에 따라 '한금' 혹은 '다리지고'라고 명명할 수 있다고 본다.

이처럼 오악사의 악기 고증과 복원은 학술적 검토와 3D 디지털 복원을 통해 오악기의 원형을 확보한 후, 악기를 제작하게 된다. 악기를 제작함에 있어서 연주 가능한 악기와 백제금동대향로에 새겨진 악기의 모양과 근접한 형태의 악기를 제작한다는 기본 원칙을 세웠다.

그에 따라 고증용 악기는 금동대향로의 오악사 및 악기 3D 그래픽 복원을 기반으로 오악기 제작을 진행하고, 연주용 악기는 금동대향로의 오악기의 모양을 그대로 복원하면 연주가 불가능하기 때문에 중국, 일본 등의 답사를 통해 비슷한 모양의 악기를 구입하여 오악기의 모양을 최대한 벗어나지 않는 범위 내에서 제작하기로 하였다.

하지만 악기를 제작할 때 지속적인 전문가 자문을 통해 고증을 실시하고, 악기 제작 완료 후 시연회 및 보고회를 통해 검증하는 방식으로 방향을 잡았다. 그리고 악기의 성격이 분명한 것과 불분명한 것으로 구분하여 악기의 성격이 분명한 것은 역사적 배경을 반영하여 제작하고, 악기의 성격이 불분명한 것은 백제금동대향로에 보이는 형태를 따르되 연주가 가능하도록 하였다.

2) 오악사와 악기 3D 디지털 복원

오악사와 악기의 3D 디지털 복원은 백제금동대향로 뚜껑에 보이는 다섯 명의 악사와 그들이 연주하고 있는 악기의 원형을 찾아 형태를 밝히기 위한 것이다. 디지털 복원과정은 우선 효과적인 데이터 획득을 위한 계획을 세우고 나서 연구대상에 대한 부분 정밀 촬영, 3D 스캔, 디지털 복원 등의 과정을 거쳐 완성되었다.[4]

원본 사진 촬영은 국립부여박물관에 소장된 백제금동대향로를 대상으로 하여 그것에 장식된 오악사와 오악기를 고해상도 디지털카메라를 이용해 부분 정밀 촬영하였다. 사진을 통한 판독단계로 복원 대상의 원본을 자료화하였다.

백제금동대향로를 3D 스캔하여 원형에 가까운 디지털데이터를 확보하였다. 3D 스캔을 위한 촬영장비는 독일제 최신 광학 스캐너인 슈타인비클러(Steinbichler)사의 'COMET'를 이용하였다. 백제금동대향로처럼 반사 재질의 물체는 레이저 방식이 아닌 광학 방식의 스캐너를 사용해야 하기 때문이다.

스캔 촬영은 국립부여박물관 수장고 내부에서 2009년 8월 17일에서 19일까지 3일 동안 이루어졌는데, 향로의 상단과 하단을 나누어 촬영하였다. 스캔 촬영 결과 32,000만 포인트(point)를 획득하였는데, 이는 1GB 정도의 데이터양에 해당된다. 이 중에서 오악사 부분만 추출하였다.

그 후 3D 스캔한 데이터를 재가공하여 온전한 형태로 완성하였다. 이때 스캔한 원본 데이터를 최대한 살리면서 이를 기초로 MAX 전환 데이터로 전환한 후, 최적의 데이터로 재가공하여 최종 데이터를 산출하게 된다. 이를 통해 실측이 어려운 부분이나 전체 형태를 3D 디지털 데이터로 복원하여 실제 악기 디자인에 적용할 수 있는 원천 데이터로 완성하였다.

그럼 3D 디지털 복원의 목적과 방법, 그리고 오악사와 악기의 3D 디지털 복원 과정을 자세히 살펴보도록 하겠다.

(1) 3D 디지털 복원 작업의 목적 및 필요성

디지털콘텐츠화를 통해 우수한 백제의 문화유산을 세계적으로 확산시키기 위해서는 교육적인 활용도와 문화산업 창출에 기여할 수 있는 백제금동대향로 개발이 요청된다. 그러므로 3D 스캔과 디지털 기술을 이용한 입체영상화는 백제문

---

4   백제금동대향로의 오악사와 오악기의 3D 스캐닝 및 3D 디지털 복원은 카이스트 문화기술연구센터 박진호 연구원이 수행하였다.

화의 우수성을 알리는 가장 기초적이면서도 직접적이고 효과적인 방법이라 할 수 있다.

가상공간 속에 백제의 문화재를 재현하는 것은 고대 백제문화의 원형을 예술적으로 가장 잘 묘사한 백제금동대향로에서 우리 문화의 원초적(原初的)인 유형을 찾고자 한 것이다. 사실 백제금동대향로는 국립부여박물관에 가지 않으면 볼 수 없는 것이다. 그러나 가상공간에서 복원한 백제향로는 공간과 시간의 제한 없이 사이버스페이스에서 재창조된 백제문화를 경험하게 되는 셈이다.

백제금동대향로의 디지털 복원 작업은 백제금동대향로의 가상공간화(假想空間化)를 통해 백제금동대향로의 느낌을 실제로 경험하게 될 뿐만 아니라(공간성 확장), 4세기 당시 그려진 백제향로의 모습을 원형 그대로 느낄 수 있다(시간성 확장)는 점에서 큰 성과라 할 수 있다. 이러한 작업은 실제로 가볼 수 없는 곳을 경험할 수 있는 일종의 가상관광(Virtual Time Travel) 형태라고도 할 수 있으며, 이렇게 구축한 데이터는 문화산업, 즉 문화콘텐츠산업의 영역으로까지 적용될 수 있을 것이다.

백제금동대향로는 백제의 문화원형을 간직하면서도 그것을 뛰어난 솜씨로 시각화한 예술성과 향로에 조각된 악기들에서 막 뿜어낼 것만 같은 음향(Sound), 전배·후배까지 합쳐 근 500여 명에 달하는 백제인(Abatar)의 등장, 향로에 표현된 다양한 조각물의 상징적 의미까지 고루 겸비한 멀티미디어 콘텐츠를 총망라한 것이다. 그래서 백제금동대향로는 그 자체만으로도 역사인 동시에 예술이 된다.

이러한 향로의 이미지가 컴퓨터모니터 스크린 속으로 들어가버린 것이다. 그래서 관람객은 모니터 안의 백제금동대향로에서 풍기는 감흥을 통해 백제시대에 느낄 수 있는 판타지의 세계를 경험하게 된다.

1,500년 전의 이차원 속에 정지된 백제금동대향로의 생동감을 삼차원 컴퓨터 그래픽으로 재현하여 가상현실(Virtual Reality)이라는 동적(動的) 이미지로 재창조되었다. 이러한 작업은 옛날과 지금이 결코 유리된 것이 아닌 향로 속 백제인들의 삶을 현대인들과 만나게 하는 것이다. 즉 백제인들이 향로를 뚫고 우리 앞에 다가와 함께 어울릴 수 있도록 손짓하는 듯한 느낌을 주는, 바로 그것이 백제금동

대향로 디지털콘텐츠의 지향점이었다.

사실 금동대향로가 총천연색이라고는 하지만, 어디까지나 이미 천 년 이상의 세월이 지나 많이 부식되고 훼손된 점이 많다. 디지털콘텐츠화할 때 금동대향로의 본디 모습을 정확히 알 수 없어 어느 정도 위험부담 요소를 안고 시작할 수밖에 없었다.

하지만 백제문화의 유산인 백제금동대향로는 디지털 복원과정을 통해 원형(原型)을 밝히는 일뿐만 아니라, 이를 잘 보존하여 후대에 그대로 물려주는 일도 당대에 우리가 해야 할 중요한 과제라고 하겠다.

따라서 오악사와 악기의 3D 디지털 복원 작업의 목적은 백제금동대향로를 모티프로 한 디지털콘텐츠를 제작하여 백제금동대향로의 우수성을 국내외에 알리는 것이다. 또한 고구려와 신라에 비해 상대적으로 왜소한 백제문화를 재조명하는 것이다. 이를 위해 시각적(視覺的) 교육 자료의 데이터베이스를 확보하는 것이 연구의 궁극적인 목표라고 하겠다.

그러므로 3D 디지털 복원의 목적은 크게 네 가지로 나누어진다. 첫째, 백제금동대향로가 지닌 가치와 형태를 디지털콘텐츠화하는 것이다. 둘째, 문화유산의 디지털 복원 사례를 제시하여 앞으로 관련 분야의 대표적인 사례로 소개하는 것이다. 셋째, 디지털 문화산업에 활용 가능한 콘텐츠를 제공하여 그 가능성을 타진하기 위한 것이다. 넷째, 백제금동대향로의 문화콘텐츠로서의 활용성을 다각적으로 고찰하기 위한 것이다.

이러한 연구는 백제문화원형 콘텐츠의 현대적 재구성에서 필요한 작업이라 할 수 있다. 특히 백제 콘텐츠의 대중적 확산에 기여하기 위해서는 대중적이고 흥미로운 백제문화원형 콘텐츠 제작의 필요성이 제기된다.

이를 통해 백제금동대향로의 3D 스캔 기반 디지털콘텐츠 개발을 바탕으로 향후 백제문화 관련 디지털콘텐츠를 제작할 수 있는 역할을 제시할 수 있을 것이다.

(2) 3D 그래픽 디지털 복원과정

다음으로 백제금동대향로 3D 그래픽 복원 내용을 살펴보도록 하겠다. 개발 내용으로는 첫 번째로 3D 스캔 기술을 통한 디지털 복원, 두 번째로는 백제금동대향로 3D 스캔 작업과정에 대한 내용으로 구분할 수 있다.

① 3D 스캔을 통한 디지털 복원

문화유산은 풍상, 퇴락현상, 화재, 재해 등으로 인하여 손실될 위험을 안고 있으므로 보수, 복원 및 안전대책이 항상 필요하다. 매장된 문화재를 발굴조사하는 것도 중요하지만, 현존하는 문화유산을 보전 관리하는 것 또한 중요하기 때문이다. 따라서 문화유산의 실측과 데이터베이스화는 미래에 문화유산의 유지, 보수, 복원, 활용 등에 있어서 우선적으로 진행되어야 한다.

현재 문화재 측정방법에는 주로 기존에 전통적으로 해오던 방식인 실측 방법을 적용하고 있으나 다양한 공간적 형태를 지닌 문화재인 경우 입체적이며 통합적인 실측이 어려워 대신 이차원적인 단면의 실측을 기본으로 하고 있다. 그러나 문화재에 대한 3D 레이저 스캔 시스템(3D Layser Scanning System)을 이용하였을 경우 다양한 가치를 창출하게 된다. 그럼 먼저 3D 스캔 시스템에 대해 자세히 살펴보도록 하겠다.

● 3D 레이저 스캔 시스템: 처음에 3D 레이저 스캔 시스템은 기계 분야에서 사용하기 위해서 개발되었다. 'Reverse Engineering'(역공학, 역설계)이라 하여 기존 제품의 형상을 얻어내어 CAD로 재설계하는 데 사용되었다. 그러나 지금은 레이저 스캔 기술이 토목, 건축, 산업디자인, 미술, 영화, 광고, 의료, 문화재 등 여러 분야에서 다양하게 사용되고 있다.

아직 이 기술은 초기 단계를 막 벗어나 여러 분야에 활용되기 시작하였고, 응용 분야는 더욱 다양해질 것으로 보인다. 사진기가 평면적인 이차원 데이터를 얻어내면서 다양한 분야에 활용된다면, 3D 레이저 스캐너는 입체

〈표 4.3〉 3D 레이저 스캔의 특징

항 목	내 용
3D 레이저 스캔 개관	레이저(laser)란 'Light Amplification by Stimulated Emission of Radiation'의 머리글자로 이루어진 합성어로, '유도방출과정에 의한 빛의 증폭'이란 뜻이다. 레이저 빛은 백열등이나 태양광 등 기존의 빛과는 다르다. – 단색성(한 가지 파장으로 된 빛) – 지향성(빛의 세기가 거의 줄어들지 않음) – 간섭성(무질서한 백열등과는 달리 질서정연함) – 레이저 빛은 자연 상태에서 존재하지 않음. 인위적 조작으로 발생시킴. – 레이저의 파장범위는 자외선에서부터 마이크로파까지 광범위한 분포를 보임. – 레이저 빛의 세기는 아주 약한 출력인 1mW에서 10KW 이상의 대형 출력까지 다양함. – 3D 스캔용 레이저는 인체에 무해함.
문화재 3D 레이저 스캔 원리	레이저 스캐닝의 원리는 빛의 속도를 이용해 대상물의 거리를 구하는 것이다. 먼저 대상물에 레이저를 발사하게 되면 대상물로부터 레이저가 반사된다. 반사된 레이저 빛은 스캐너가 감지하게 되는데, 이때 발사시간과 감지시간의 차이에서 나타나는 빛의 속도가 대상물과의 거리를 나타낸다. 즉 특정한 영역에 순차적으로 일정한 속도의 레이저를 발사하고 반사된 레이저를 스캐너가 감지하면, 반사면과 레이저 장비와의 거리를 구하게 된다. 이러한 거리좌표를 순차적으로 구해나가면 공간 형태의 좌표를 구할 수 있다. 각각의 공간좌표들은 동일한 정밀도를 가지게 된다.

적인 3D 데이터를 얻게 되어 좀 더 정확한 형상이 필요한 여러 분야에 활용된다.

스캐너는 크게 실내용과 실외용으로 구분된다. 실내용 스캐너가 몇 cm에서 몇 m 정도의 물체를 측정할 수 있다면, 실외용 스캐너는 수십~수백 m 단위까지 물체와 지형을 측정할 수 있다. 특히 실외용 스캐너는 레이저를 쏘아서 되돌아오는 시간을 계산하여 형상을 측정한다. 그러므로 스캔을 하기에 앞서서 스캔 목적과 스캔 대상의 크기, 정밀도 등을 고려하여 사용할 스캐너를 고르는 것이 중요하다.

일반적으로 실외용 3D 스캐너는 토목공학과 플랜트 엔지니어링 부문에서 널리 쓰이고 있다. 그러나 국립문화재연구소에서 경주 남산 유적을 3D 스캔하면서 토목이나 엔지니어링 분야보다 문화재 부문에서 먼저 사용한 선례가 있다. 따라서 백제금동대향로의 디지털 복원 작업에서도 실외용 스캐너를 이용해 실제에 가까운 데이터를 얻고자 한다.

레이저 스캐너 헤드를 삼각대에 올려놓고 사용하며, 시스템은 PDA나 노트북컴퓨터로 제어하고 데이터를 저장한다.

● 스캔 원리: 3D 레이저 스캐닝 시스템의 데이터 측정방식은 레이저를 발사하여 반사되어 오는 시간적인 차이를 거리로 환산한다. 그런 다음 내부에 있는 두 개의 반사경에서 정확한 벡터값을 산출하여 컴퓨터의 3D 공간상에 물체의 초기 x, y, z 점좌표들을 생성시킨다.

입체적인 형상을 스캔할 때는 한 번의 스캔으로 모두 스캔할 수 없다. 빛은 직진성을 가지고 있으므로 발사한 레이저가 도달하지 않는 부분은 측정할 수 없다. 따라서 한 형상을 측정할 때, 여러 장소에서 스캔한 자료를 합성하여 최종적인 전체 데이터를 얻게 된다.

● 3D 스캔 과정: 먼저 레이저 스캐너로 스캔을 하면 점군(Point Cloud) 데이터를 얻는다. 점군 데이터는 물체에 수십에서 수백만 개의 레이저를 발사해 얻은 형상의 삼차원 X, Y, Z 좌표들이다. 이때 얻어진 점군 데이터를 바탕으로 폴리곤(Polygon) 모델을 만든다. 폴리곤 모델이 완성되면 음영이 생겨서 물체의 형상을 보다 더 자세하게 관찰할 수 있고, 후처리 과정을 보다 더 쉽게 할 수 있다. 폴리곤 모델은 단색으로 표현되므로 형상의 윤곽과 굴곡을 사진보다 더 확실하게 알아볼 수 있는 장점이 있다.

그러나 점군 데이터나 폴리곤 모델을 바탕으로 형상을 측정하고 치수를 내볼 수 있으나, 도면을 작성하기에는 부적절하다. 따라서 폴리곤 모델을 바탕으로 수직 방향으로 일정한 간격으로 단면을 작성한다. 이 단면은 컴퓨터 소프트웨어가 자동으로 작성한다.

다음으로 단면이 완성되면 이를 바탕으로 도면을 작성한다. 이처럼 폴리곤 모델은 형상의 전체적인 모양과 윤곽, 굴곡 등을 관찰하는 데 용이하고, 단면 도면은 가로세로 방향의 단면을 냄으로써 정확한 치수와 단면의 형상을 알아보기에도 용이하다.

● 3D 스캔 데이터를 이용하여 백제향로 3D 실측: 백제금동대향로의 정확한 크기와 형태를 측정하기 위해서는 사진촬영이나 탁본, 실측 등의 방법을 이용한다. 그러나 촬영한 사진을 통한 실측은 렌즈에 의한 왜곡으로 정확한 자료를 얻을 수 없으며 정확한 치수 등의 자료도 기대할 수 없다. 또 백제향로를 대상으로 한 탁본도 마찬가지다. 탁본에 의한 보존은 그 대상에 이미 한계가 있고, 그나마도 숙련된 기능 보유자에 의해서만 다소의 정확도를 기대할 수 있다.

실측에 의한 것은 소형의 유물에는 최소한의 정확도를 유지할 수 있으나 그나마도 복잡한 형태의 유물에는 정확한 실측 자료를 기대하기란 어렵다. 더구나 백제금동대향로 같은 일정 이상의 규모에는 그 정확도를 보장할 수 없으며 왜곡이나 변형이 심할 수밖에 없다.

그러나 레이저 스캔을 이용해 백제금동대향로를 측정하면 실측이 어려운 부분이나 전체 형태를 3D 디지털데이터로 복원하여 영구히 보존할 수 있다. 이 방법은 백제금동대향로의 정확한 형상을 획득하여 제작방식이나 구조적 형태, 현 상태 보전과 변화과정 등을 조사 분석할 수 있다.

또한 훗날 백제향로가 많이 훼손되어 과거의 모습으로 복원해야 할 경우, 정확한 실측자료가 있기 때문에 후대에 정확한 복원이 가능하며 그 형태가 완전히 없어지더라도 그 모습을 컴퓨터 상에서 그래픽으로 나타낼 수 있을 뿐 아니라, 급속조형(Rapid Prototyping, RP)이나 CNC 가공을 통해서 이전의 모

〈표 4.4〉 데이터 산출 방식

Distance=C×(T1−T0)/2
C: 빛의 속도
T1: 레이저가 발사된 시각
T2: 레이저가 반사되어 돌아온 시각

〈표 4.5〉문화재를 3D로 스캔했을 때의 장점

① 문화재의 3D 데이터 저장	② 3D 도면을 통한 구조물의 정확한 복원 및 제작
③ 3D 디지털 모델 콘텐츠 및 구축	④ 인터넷(Web)을 이용한 디지털박물관 구축
⑤ 문화재의 시각적 복원	⑥ 주기적인 측정을 통한 구조물의 변형 측정
⑦ 구조물의 3D 형상 데이터 기록 보관	⑧ 문화재의 디지털 전환으로 과학적 보존 및 원형 복원

습을 이차원 혹은 삼차원 모형으로 쉽게 나타낼 수 있다. 따라서 문화재를 3D 스캔하게 되면 〈표 4.5〉와 같은 장점이 있다.

② 백제금동대향로 3D 스캔을 통한 복원 방향

앞서 언급한 대로 3D 스캔 데이터를 가지고 있으면 파괴되기 이전과 똑같이 실제로 복원할 수 있는 것이 3D 스캔의 최대 장점이다.

예를 들어 2001년 3월 아프가니스탄 탈레반이 바미안 석불을 폭파시키기 전에 3D 아카이브 기술로 바미안 석불을 3D 스캔하였더라면, 폭파된 이후 그 원형(原型)을 고스란히 되살릴 수도 있었다. 그러나 아쉽게도 그 어느 나라도, 그 어떤 단체도 파괴 이전에 3D 스캔 작업을 실시하지 않았다. 따라서 파괴된 바미안 석불은 이제 다시는 되돌릴 수 없게 되었다.

따라서 백제금동대향로의 복원 방향은 기존 향로의 물리적인 보존 외에 1,500년이 흐르는 동안 유실된 향로의 원래 모습을 3D 스캔이라는 디지털 기술로 저장하는 것이 긴요하다. 이는 향후 문화재적 가치를 보존하기 위해서도 필요한 사항이다.

이 밖에 향로 그림을 통해 무덤의 주인공을 밝혀내곤 하는데, 오랜 세월이 흘러 향로의 내용이 명확하지 못한 점이 많다. 이런 때 3D 스캔 기술을 통해 눈으

〈표 4.6〉3D 스캔 기술을 통한 백제금동대향로의 디지털 복원 방향

① 훼손된 백제향로 복원
② 3D 아카이브(Archive) 기술을 이용한 향로의 구조적 보존(디지털데이터화)
③ 금동대향로를 바탕으로 한 백제 생활사 디지털 복원

〈표 4.7〉 백제금동대향로 3D 그래픽 복원 내용

① 백제금동대향로에 나타난 오악사 악기 데이터를 디지털데이터로 구축
② 오악사에 연관된 악기 3D 모델 디지털 복원
③ 실제 악기 디자인에 적용할 수 있는 Real 3D 데이터 완성

백제금동대향로		악기 3D 모델
대향로 3D 스캔 데이터를 근간으로 한 복원		오악사에 부착된 악기 모델
① 디지털 원형 제작 ② 2D 및 3D 원형 스캔 기반 ③ 악기 모델에 원형을 최대한 반영	⟷	① 고증 데이터 기반 ② 2D 및 3D 디지털 복원 ③ 실제 악기 디자인의 원천

〈표 4.8〉 백제금동대향로의 3D 스캔과 디지털 복원과정

1. 백제금동대향로 디지털 작업을 위한 사전조사
   - 향로 데이터 추출을 위한 효과적인 데이터 획득 방안 마련

↓

2. 국립부여박물관 소재 백제금동대향로의 오악사와 악기 부분 정밀 촬영
   - 3D 스캔 이전의 고해상도 디지털카메라 사진을 통한 판독

↓

3. 백제금동대향로 3D 스캔을 통한 원본 데이터 추출
   - 오악사 3D 디지털 복원의 출발점이 되는 금동대향로 오악기 대상

↓

4. 원본 데이터 재가공을 통한 최종 원본 데이터 완성
   - 스캔 데이터를 재가공하여 파악할 수 있는 형태의 온전한 3D 데이터 완성. 단, 스캔한 원본 데이터를 최대한 살림.

로 보지 못하는 대상을 찾아낼 수 있다. 왜냐하면 3D 스캔의 장점은 사람의 눈으로 미처 감식하지 못하는 부분을 수천, 수만 개의 선으로 포착하여 데이터로 저장한다는 점이다. 그리하여 향로에 새겨진 문양이나 글씨를 찾아낼 수 있다. 그

외에도 오래되어 마모된 향로의 문양(文樣)이나 육안(肉眼)으로 인식이 불가능한 한자(漢字)까지 일부 판독이 가능하다.

(3) 오악사와 오악기의 3D 디지털 복원

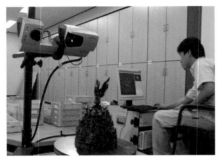

먼저 향로의 원본 데이터를 기반으로 최적의 스캐너 사양에 맞도록 3D 스캔 작업을 실시하였다. 그 과정은 〈표 4.9〉와 같다.

〈그림 4.14〉 백제금동대향로 3D 스캔 작업 모습

〈표 4.9〉 백제금동대향로 3D 스캔을 기반으로 한 최종 데이터 산출 과정 모식도

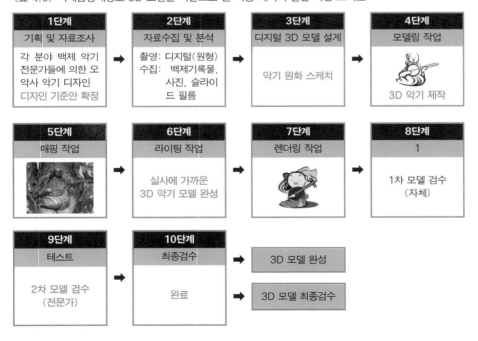

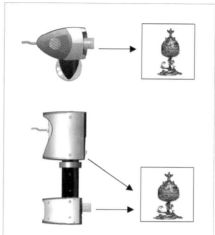

〈그림 4.15〉 백제금동대향
로 3D 스캔에 사용된 슈타
인비클러 사의 COMET 적
용 모습

〈표 4.10〉 백제금동대향로 3D 스캔 작업의 개요 정리 도표

	독일제 최신 광학스캐너를 동원한 향로 3D 스캔
1. 촬영장비	독일제 최신 스캐너인 슈타인비클러(Steinbichler) 사의 'COMET' - 레이저 방식이 아닌 광학 방식의 스캐너 - 백제금동대향로처럼 반사 재질에 적합한 최신의 스캐너
2. 촬영방법	국립부여박물관 수장고 내부에서 촬영 - 3일(8월 17~19일) 동안 스캔 촬영 - 향로를 상단과 하단으로 나누어 촬영
3. 촬영 데이터	지금까지 지구상에서 스캔한 데이터 중 최고의 정밀도 획득 - 3,200만 포인트(point) 획득, 1GB 정도 데이터양 - 전체 스캔 데이터 중 오악사 부분만 추출

백제금동대향로의 3D 스캔과 디지털 복원과정을 거쳐 최종 완성된 결과물은
〈표 4.11〉과 같다.

〈표 4.11〉 백제금동대향로의 오악사 및 오악기 디지털콘텐츠의 최종 결과물

콘텐츠명	백제금동대향로 원본 전체 3D 스캔 데이터	좌 2	좌 1
콘텐츠 유형	스캔 데이터	최종 스캔 데이터 이미지	최종 스캔 데이터 이미지
파일 형태 (원본/서비스)	MAX/jpe	MAX/jpe	MAX/jpe
콘텐츠 형태			
콘텐츠 설명	국립부여박물관에 있는 향로 원본 3D 스캔 데이터	배소로 추정되는 악기를 들고 있는 오악사	피리로 추정되는 악기를 들고 있는 오악사

콘텐츠명	중앙	우 1	우 2
콘텐츠 유형	최종 스캔 데이터 이미지	최종 스캔 데이터 이미지	최종 스캔 데이터 이미지
파일 형태 (원본/서비스)	MAX/jpe	MAX/jpe	MAX/jpe
콘텐츠 형태			
콘텐츠 설명	완함으로 추정되는 악기를 들고 있는 오악사	북으로 추정되는 악기를 들고 있는 오악사	완함으로 추정되는 악기를 들고 있는 오악사

(계속)

콘텐츠명	오악사
콘텐츠 유형	최종 스캔 데이터 이미지
파일 형태 (원본/서비스)	MAX/jpe
콘텐츠 형태	
콘텐츠 설명	백제금동대향로에서 오악사 및 악기 데이터만 추출

(4) 3D 디지털 복원의 의의와 백제 음원사업에서의 활용 가치

본 과정은 정밀하고 정확한 데이터를 추출했다는 점에서 다음과 같은 의의를 갖는다.

첫째, 백제금동대향로의 디지털 복원은 3D 스캔을 통한 백제금동대향로의 원형 디지털데이터 ── 2009년 기준으로 가장 최신의 독일제 광학스캐너 기기를 이용한 3D 데이터 ── 를 확보한 것이다.

둘째, 종래 육안에 의존한 실측이나 사진 실측이 아닌 레이저를 이용한 3D 스캔 데이터 획득을 통해 정밀도가 높은 데이터를 얻게 된 것이다. 즉 사진 실측이 아닌 정밀 스캔 데이터를 통해 정확성에 도달했다.

셋째, 3D 스캔 데이터에서 추출한 데이터를 기반으로 다섯 악기의 3D 데이터화에 도달했다. 즉 스캔 데이터를 기반으로 한 오악기(五樂師)의 3D 데이터화가 가능해졌다.

이에 따라 백제 음원사업에서 다음과 같은 활용 가치를 찾을 수 있다.

첫째, 진정성 있는 백제금동대향로 데이터를 확보했다. 3D 스캔을 통해 실제 모습에 가까운 데이터를 확보함으로써 백제문화 콘텐츠를 위한 원소스를 획득하게 되었다. 이는 앞으로 고부가가치를 지향한 백제의 문화원형을 개발하는 밑거름이 될 것이다.

둘째, 원본 데이터를 통한 MSMU(Multi-Source Multi-Use)로 확대할 수 있다. 고부가가치를 지향한 OSMU전략은 지속적인 성공 가능성을 넘어 콘텐츠의 무한확장을 모토로 한 'MSMU'(Multi Source Multi Use) 전략으로 이어질 전망이다. 따라서 백제금동대향로의 원본 데이터를 기반으로 훗날 다큐멘터리, UCC, 지식정보 등 다양한 소재로 파급될 가능성이 높다고 할 수 있다.

셋째, 백제금동대향로를 모티프로 한 문화원형 스토리 개발이 가능하다. 고구려, 신라에 비해 백제에 대한 자료는 부족한 편이다. 그런 의미에서 백제금동대향로에 새겨진 다양한 문양은 많은 상징성을 내포하고 있다. 이것은 백제인들의 의식과 생활상을 반영한 것으로 볼 수 있을 만큼 다양한 이야기를 담고 있다. 이를 스토리로 개발하면 문화콘텐츠의 창작 소재로도 활용이 가능해질 것이다.

3) 악기 제작

오악기를 제작하기 위해서는 먼저 연주 가능한 악기로 복원하고 음원 가상 시스템을 적용하여 악기의 크기, 형태, 재료에 대한 자료를 입력하여 악기를 제작해야 한다. 그런 다음 백제의 역사와 문화에 어울리는 소리를 표본추출함으로써 악기가 완성된다.

(1) 백제금동대향로 오악기의 제작 방향

백제금동대향로에 보이는 오악기의 정체성에 대한 논의는 아래 표와 같이 매우 다양하다. 완함, 소, 백제적의 경우 명칭에 있어서 조금씩 차이가 있지만, 그 정체성에 대해서는 어느 정도 유사한 의견을 가지고 있다. 그러나 백제금과 백제고의 경우, 그 정체성에 대해서는 의견 차이를 보인다.

이에 따라 성격이 분명한 것은 악기 고유의 명칭을 사용하고, 성격이 불분명한 것은 '백제'를 붙여 해석의 여지를 남겼다. 그리하여 오악기 복원에서의 명칭은 '완함, 백제금, 백제적, 소, 백제고'로 명명하였다.

악기 제작에 앞서 먼저 학술적 검토가 이루어졌다. 우선 악기 제작에 관한 기초연구와 더불어 연구TF팀을 운영하고, 학술회의와 워크숍 등을 통해 악기의 정체와 성격에 대해 논의를 진행하였다. 이 과정에서 악기 제작의 기본 원칙과 제작 방향을 설정하였다.

악기를 제작함에 있어서 기본 원칙은 연주가 가능한 악기로 제작하되, 그 형태는 백제금동대향로에 보이는 악기의 형태에 근접하게 제작하는 것이다. 그리고 악기의 성격이 분명한 것과 그렇지 않은 것으로 구분하여 악기 제작에 반영하도록 하였

〈표 4.12〉 백제금동대향로 오악기의 해석

완 함	백제금	백제적	소	백제고
비파	거문고	피리	소	북
완함	쟁	장소	배소	백제무명악기
월금	금	(종)적		공기울림악기
백제 삼현	유일한 현악기	통소		동발
		척팔		
		소		

다. 그에 따라 악기의 성격이 분명한 완함, 배소, 적은 악기의 역사적 배경을 반영하여 제작하고, 악기의 성격이 불분명한 백제금과 백제고는 백제금동대향로에 보이는 형태를 따르되, 연주가 가능한 악기로 제작하도록 한 것이다.

악기 제작은 대체로 네 단계로 이루어졌다. 첫 번째 단계에서는 백제금동대향로의 악기에 대해 여러 연구자가 밝힌 견해를 수용하고, 그러한 악기를 구입하여 검토하였다. 두 번째 단계에서는 백제금동대향로에 보이는 형태대로 악기를 제작한 후, 세 번째 단계에서는 제작할 악기에 디자인을 입혀 완성하도록 하였다.[5] 네 번째 단계에서는 후대에 보편적인 악기로 정착할 악기로 제작하는 방향으로 설정하였다.

백제금동대향로의 악기 중 이와 같은 네 단계를 모두 거쳐 제작된 악기도 있고, 두 단계만 거친 악기도 있다.

악기 디자인은 악기 원형 탐구(Finding Archetype), 모델 확정(Fixing the Model), 도면 작성(Drawing & Animating)의 단계로 진행하였다. 악기의 원형 탐구과정에서는 문헌 자료와 도상자료를 검토하였다. 모델을 확정함에 있어서 악기의 크기와 형태, 음역 등에 대한 검토가 있었다. 도면 작성에서는 정면도, 입면도, 배면도, 단면도를 이차원 CAD를 사용하여 작성하였다.

또한 백제 악기의 특성을 부여하기 위해 악기에 백제시대 유물에 나타난 문양을 입혔다. 악기의 크기 및 구조 등을 고려하여 금칠을 하되, 악기의 전체적인 이미지에서 너무 부각되지 않도록 표현하였다.[6]

(2) 악기 제작과정

백제금동대향로의 악기를 복원, 제작하는 데 있어서 실제 측정한 자료는 앞서 수행한 '백제금동대향로 오악사 악기 3D 디지털 복원사업'에서 수행한 3D 스캐

---

5   오악기의 디자인 및 도면화 작업은 이대암 교수(전 서경대 교수)가 수행하였다.
6   금칠 문양 작업은 임석환(중요무형문화재 제118호 불화장 기능보유자) 선생이 수행하였다.

〈표 4.13〉 오악기의 실측 결과와 제작 치수

구 분		완 함	백제금	백제적	소	백제고
실측 결과		울림통 직경 15mm 목 길이 20mm	41.38mm 최대 폭 약 7.36mm	총길이 20.09mm	4.08~16.42mm 폭 10.26mm	길이 14.55mm 폭 16.39mm 높이 5.41mm
제작 치수	전체 길이	1,109.5mm	1,103mm	577mm	113~396mm	가로 410mm 세로 355mm 높이 102mm
	기타	울림통 374mm 목 550mm 머리 185.5mm	최대 폭 194mm	취구 내경 21mm 취구 반대쪽 내경 16mm	폭 234mm	백제고 뒷면 252mm 직경의 구멍

닝을 통해 얻은 결과를 활용하였다.[7] 실제 제작한 악기의 크기는 원형 악기의 크기, 형태, 음역 등을 고려하여 제작하였다.

① 완함(阮咸)

3D 스캐너를 통해 백제금동대향로의 완함을 실측한 결과, 울림통의 최대 직경은 약 15mm이며, 목 길이는 20mm로 파악되었다. 지판 길이의 경우 주아가 달려 있는 머리 부분이 보이지 않아 자세히 알 수 없지만, 실제 길이는 더 길 것으로 판단된다. 또한 완함 앞판 중앙의 양 옆쪽에 작은 원이 나타나 있는데, 이는 공명혈이나 문양을 표현한 것으로 사료된다. 그리고 앞판 테두리로 표현된 것은 앞판을 뒤판 위에 바로 붙이지 않고 끼워서 붙인 것으로 파악된다.

완함의 현수(絃數)는 3현으로 표현되어 있다. 하지만 비슷한 시기의 고구려 삼실초 벽화에 보이는 완함은 4현인 점에서 백제금동대향로의 완함도 4현으로 하였다. 이것은 그 당시 백제 악기로서의 특성을 가질 수 있도록 한 것이다.

완함의 음고는 국립국악원 정악단에서 연주되고 있는 월금의 음 배열에 따라

---

7 백제금동대향로 오악사의 3D 스캐닝을 통해 얻은 수치는 박진호(카이스트 문화기술연구센터) 연구원이 측정한 데이터를 활용하였다.

〈그림 4.16〉 백제금동대향로 오악기 중 완함

설정하였다. 또한 괘의 수는 『악학궤범』과 『문헌비고』의 기록을 근거로 13괘로 정하게 되었다.

완함을 제작하는 데 있어서 악기의 재료는 월금의 재료를 따랐다. 일반적으로 월금 앞판의 경우 오동나무를 사용하고, 뒤판과 지판, 머리 부분은 느티나무를 사용한다. 특히 오동나무는 가벼우면서 울림이 좋아 전통적으로 현악기의 앞판에 많이 사용된다. 『악학궤범』의 기록에 의하면 월금의 재료 중 뒤판에는 주로 느티나무를 선택하였는데, 이를 참고하여 완함의 제작에도 월금의 재료를 따랐다. 이와 같이 완함은 월금의 재료를 참고하여 제작하게 되었다.

복원될 완함의 형태는 백제금동대향로의 악기 형태를 따르되, 4현 13괘로 하여 연주 가능하도록 하였다. 제작 치수는 전체 길이 1,109.5mm, 울림통 직경

〈표 4.14〉 완함의 개방현 및 각 괘의 음고

현 번호	개방 현	1괘	2괘	3괘	4괘	5괘	6괘	7괘	8괘	9괘	10괘	11괘	12괘	13괘
1	B♭2													
2	E♭3													
3	E♭3	E3	F3	G♭3	A♭3	B♭3	C4	D♭4	E♭4	F4	G♭4	A♭4	B♭4	C5
4	B♭3	B3	C4	D♭4	E♭4	F4	G4	A♭4	B♭4	C5	D♭5	E♭5	F5	G5

〈표 4.15〉 완함의 부위별 사용 재료

구 분	재료명	학 명
앞판	오동나무	Paulownia coreana Uyeki
뒤판	느티나무	Zelkova serrata Makino
지판	느티나무	
머리	느티나무	
주아	장미나무	Dalbergia nigra
현	명주실	

374mm, 목 길이 550mm, 머리 길이 185.5mm이다. 완함 울림통 직경의 치수는 일본 정창원 소장 완함의 울림통 직경 396mm보다 조금 작고, 『악학궤범』의 월금 직경 363mm보다 조금 큰 치수이다. 또한 이는 백제금동대향로에 나타난 직경 치수 15mm의 약 25배 크기이다. 백제 완함 치수에 대한 기록이 없기 때문에 관련 유물 및 문헌을 참고하되 악사와 울림통 직경의 비율이 백제금동대향로 형태와 유사하게 한 결과이다.

이러한 비율은 다른 네 종류의 악기에도 동일하게 적용되었는데, 모양과 크기에 따라 그 크기를 조금씩 조절하였다.

완함은 크게 몸통과 머리 부분으로 구성되는데, 울림통, 복판, 머리와 지판, 줄을 감을 수 있는 주아와 줄이 있어야 한다. 이러한 구성요소에 따라 그 제작과정[8]을 살펴보면 다음과 같다.

완함 제작의 첫 번째는 울림통 제작이다. 먼저 얇은 합판에 실사 출력한 완함의 제작 도면을 올려놓고 형판(形板)을 제작한다. 그런 다음 울림통의 형판을 뒤판 재료인 느티나무 판재에 올려놓고 띠톱을 이용하여 원형으로 재단한다. 그리고 나서 컴퍼스를 이용하여 복판이 들어갈 위치를 표시한 후, 루터를 이용해 선 안

---

8 난계국악기제작촌 현악기 공방(대표: 조준석, 충청북도 무형문화재 제19호 악기장)에서 도면을 바탕으로 제작하였다.

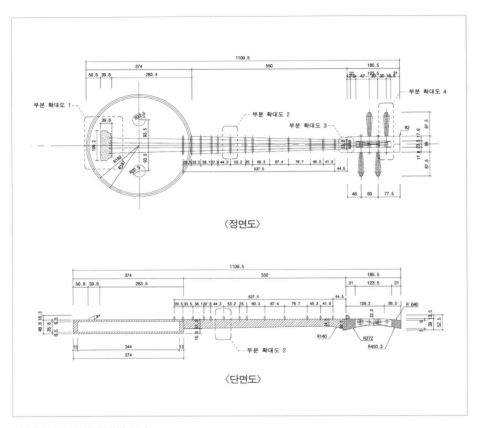

〈그림 4.17〉 완함의 제작 도면

쪽을 5mm 깊이로 파낸다. 이때 벤치드릴에 직경 20mm인 드릴 날을 끼워 일정한 깊이로 공명통 내부를 파내고, 둥근 끌과 고무망치를 이용해 공명통 내부를 다듬는다. 마지막으로 핸드그라인더에 페이퍼 휠을 달아 정교하게 다듬는다.

① 외곽선 따내기	② 속 파기(벤치드릴)
③ 속 파기(끌)	④ 다듬기

〈그림 4.18〉 완함의 울림통 제작

　울림통이 제작되면 울림통에 붙일 복판을 만들게 된다. 복판을 제작하기 위해 아래 그림과 같이 먼저 오동나무 복판이 들어갈 곳에 종이를 대고 연필을 이용하여 탁본을 뜬다. 그 후 복판용 오동나무에 탁본을 붙이고 스카시 톱을 이용해 선이 이탈되지 않도록 정교하게 오려낸다. 그러고 나서 울림통에 복판을 끼우고 빼내는 과정을 반복하면서 울림통과 복판을 결합한다. 이때 울림통과 복판의 같은 위치에 기준선을 잡고 중심점이 흐트러지지 않게 해야 한다. 그런 다음 중탕한 아교를 이용해 울림통과 복판을 붙이고, 고무밴드로 견고하게 둘러매어 접합이

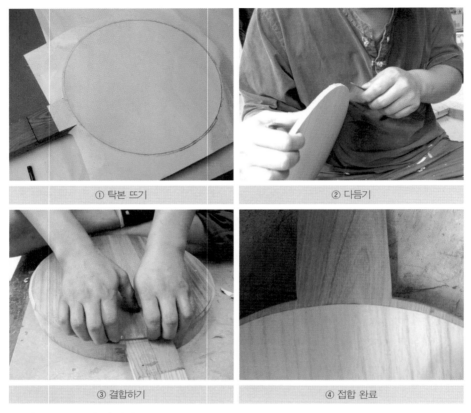

| ① 탁본 뜨기 | ② 다듬기 |
| ③ 결합하기 | ④ 접합 완료 |

〈그림 4.19〉 완함 복판 제작

잘되도록 한다.

그 다음은 머리 및 지판 제작이다. 먼저 도면을 바탕으로 제작한 머리와 지판의 형판을 띠톱으로 재단한다. 머리와 지판은 일체형으로 제작한 후 벤치드릴을 이용하여 주아가 끼워질 부분에 10mm 직경의 구멍을 뚫는다. 그리고 스카시톱을 이용하여 머리 부분 안쪽을 파낸다. 마지막으로 지판 뒤 부분 외형을 다듬은 후 지판과 울림판 접합 부분이 완벽하게 닫히도록 손질하고, 접착제를 발라 하단 자를 이용해 접합한다.

① 외형 재단하기

② 주아 구멍 뚫기

③ 내부 파내기

④ 지판 외형 다듬기

⑤ 결합 부분 다듬기

⑥ 접합하기

〈그림 4.20〉 완함 머리 및 지판 제작

| ① 소뼈 붙이기 | ② 구멍 뚫기 |
| ③ 사각기둥 제작 | ④ 완성된 주아 |

〈그림 4.21〉 줄 걸기 및 주아 제작

　　마지막으로 줄 걸기 및 주아를 제작한다. 줄 걸기는 네 개의 현이 장력을 견딜 수 있도록 단단한 재질의 목재인 흑단을 사용하였고, 현이 닿히는 부분에는 현의 진동이 복판에 잘 전달될 수 있도록 소뼈를 붙였다. 줄걸이는 복판에 접합시킨 후 현이 고정될 수 있도록 1mm의 구멍을 뚫는다. 주아의 경우 장미나무를 사용하였으며 육각 형태로 제작한 후 샤프너를 이용하여 주아가 들어갈 구멍을 다듬어준다.

　　완함이 완성되고 나서 악기 표면에 문양을 넣어 장식적 효과를 주었다. 완함에

〈그림 4.22〉 미륵사지 출토 수막새의 연꽃 문양   〈그림 4.23〉 완함의 문양

들어갈 문양은 백제시대의 유물인 팔문전(보물 343호) 중에서 수막새 연꽃 문양(미륵사지 출토 수막새의 연꽃 문양)을 가져와 울림통 측면에 금칠로 표현하였다. 또한 백제 금동대향로의 완함에서 보이던 앞판 중앙의 양옆에 있는 작은 원은 복원하는 악기에서 금칠을 하였다. 또한 테두리에도 앞판과 뒤판 접합 부분에 금띠를 둘러 완성하였다.

② 백제금

백제금의 총길이는 약 41.38mm, 최대 폭 약 7.36mm로 나타났다. 외형적인 면에서 왼쪽 끝 부분이 좁고 오른쪽으로 갈수록 넓어지다가 다시 좁아지는 형태를 띠고 있다. 이는 가야금과 거문고가 폭이 일정한 것과는 차이를 보인다. 따라서 이것은 금의 형태와 유사한 것으로 판단된다. 이처럼 백제금 복원은 형태적인 측면을 고려하여 금의 형태로 제작하였다. 현의 수는 백제 현악기 거문고를 상정하여 6현으로 하였다.

백제금의 음고는 연주가 가능하도록 하기 위해 현행 금 연주방법을 참고하였다. 그러나 악곡에 따라 조율체계를 달리할 수도 있게 하였다.

백제금의 재료는 『악학궤범』의 기록을 참고하여 앞판과 뒤판에 각각 오동나

〈그림 4.24〉 백제금동대향로 오악기 중 백제금

무와 밤나무를 사용하였다. 6줄은 명주현으로 사용하고 음높이에 따라 굵기를 달리하였다.

　제작할 백제금의 치수는 길이 1,103mm, 최대 폭 194mm로 하였다. 전체적인

〈표 4.16〉 현 번호별 음고

현 번호		음 명
1		C2
2		D2
3		F2
4		G2
5		A2
6		C3

〈표 4.17〉 백제금의 부위별 사용 재료

구 분	재료명	학 명
앞판	오동나무	Paulownia coreana Uyeki
뒤판	밤나무	Castanea crenata Siebold et Zuccarini
현	명주현	

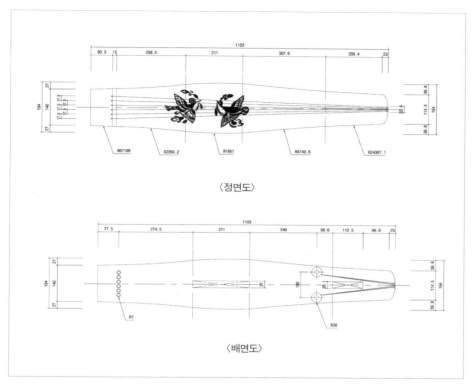

〈정면도〉

〈배면도〉

〈그림 4.25〉 백제금의 제작 도면

외형은 백제금동대향로 형태를 따르되 기능적인 면에서는 금의 형태를 취하여 제작하도록 하였다.[9]

문양은 의자왕의 바둑판으로 알려져 있는 '목화자단기국'(일본 정창원 소장)의 바둑알에 그려진 새의 문양 한 쌍을 앞판에 금칠로 표현하였다.

---

9   백제금의 제작은 우리소리제작사(대표: 정현준, 서울 성북구 소재)에서 제작 도면을 바탕으로 수행하였다.

〈그림 4.26〉 의자왕 바둑판의 바둑알에 그려진 새 문양

〈그림 4.27〉 백제금의 새 문양

③ 백제적

백제적의 길이는 실측 결과 총길이가 20.09mm로 나타났다. 백제적에는 다섯 개의 구멍과 후공이 있다. 관악기인 백제적의 재료는 대나무이며, 운지법에 따라 C-D-E-G♭-A♭-B♭-C가 나도록 제작하였다. 또한 C키(C-D-E-G-A-B-C), B♭키

〈그림 4.28〉 백제금동대향로 오악기 중 백제적

<표 4.18> 백제적의 운지표

지공	C4	D4	E4	G♭4	A♭4	B♭4	C5
후공	●	●	●	●	●	●	○
제1공	●	●	●	●	●	○	○
제2공	●	●	●	●	○	○	○
제3공	●	●	●	○	○	○	○
제4공	●	●	○	○	○	○	○
제5공	●	○	○	○	○	○	○

(C-D-E-A-B♭-C), E♭키(C-D-E♭-A♭-B♭-C)를 함께 제작하여 다양한 연주가 가능하도록 하였다.

제작할 백제적의 치수는 총길이 577mm, 취구 쪽 내경 21mm, 취구 반대쪽 내경 16mm로 하였다. 또한 지공의 크기는 약 10mm로 제작하였다.[10]

백제적을 제작하는 데 있어서 주의해야 할 점은 대나무의 두께와 내경, 그리고 지공 간격에 따라 음이 달라질 수 있다는 점이다. 음향학적으로 내경이 좁아지면 음이 높아지기 때문에 원하는 음높이를 맞추려면 지공 간격이 멀어져 연주에 불편함이 있다. 그래서 플라스틱 파이프를 이용해 시험 제작한 결과, 내경을 약 20mm 내외로 제작했을 때 지공 간격이 가장 적합한 것으로 나타났다. 따라서 20mm의 내경과 대나무 살이 5mm 내외인 황죽을 선별하였다.

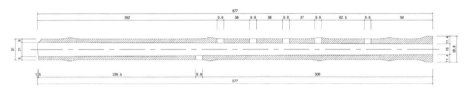

<그림 4.29> 백제적의 종단면도

---

10 백제적과 소의 제작은 국립국악원 악기연구소(서울 서초구 소재) 윤권영이 제작 도면을 바탕으로 수행하였다.

① 황죽

② 대나무 진 빼기와 펴기

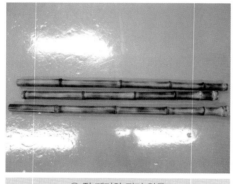

③ 진 빼기와 펴기 완료

〈그림 4.30〉 대나무 진 빼기와 펴기

제작과정은 우선 대나무의 진을 빼고 열을 가해 대나무를 곧게 펴야 한다. 대나무는 정확히 수직으로 자라지 않고 약간 휘어져 있기 때문에 타지 않을 정도의 열을 가해 나무를 반듯하게 편 후, 그늘에서 천천히 식혀준다.

다음으로 내경을 뚫는다. 세로 부는 악기는 취구 쪽 내경이 반대쪽 내경보다 넓어야 고음이 부드럽고 울림이 좋아진다. 선별된 대나무의 내경이 20mm 내외이기 때문에 이쪽을 취구 부분으로 하고 반대쪽 내경을 17~18mm 크기로 뚫는다. 내경을 뚫은 후 내부 마디 부분을 바람이 원활하게 통과할 수 있도록 잘 다듬어준다.

① 지공 뚫기

② 취구 자르기

〈그림 4.31〉 취구와 지공 뚫기

③ 취구 모양 다듬기

내경을 뚫고 나면 취구와 지공을 뚫는다. 대나무의 경우, 플라스틱 파이프처럼 내경과 살 두께가 일정치 않기 때문에 같은 위치에 같은 크기의 지공을 뚫을 경우 차이가 발생한다. 이러한 이유로 지공을 작게 뚫고 음고를 확인한 후 음이 높으면 구멍의 위치를 아래로 조정하고 낮으면 구멍의 위치를 위로 조정하는 방법으로 음고를 맞춘다.

취구는 원하는 위치에 구멍을 뚫은 후 반으로 잘라 반달 형태로 만든다. 그 후 안쪽 살은 둥근 사선 형태로 모양을 잡아주고, 입술이 닿는 부분은 사포로 매끄럽게 다듬어준다.

| ① 인동당초문 | ② 백제적의 금박 문양 |

〈그림 4.32〉 백제적의 문양

　백제적의 장식 문양은 부소산성 출토 금동광배 테두리를 둘러싸고 있는 인동 당초문을 사용하였다. 이 문양을 백제적 밑쪽 틀 부분에 금박으로 장식하면 악기 가 완성된다.

④ 소

　백제금동대향로에 나타난 소의 관수(管數)는 12관 또는 13관으로 추정된다. 크 기는 3D 스캐닝 결과 긴 관의 길이 16.42mm, 짧은 관의 길이 4.08mm, 폭 10.26mm 로 나타났다. 복원되는 악기를 제작할 때는 12관으로 하고, 긴 관의 길이 396mm, 가장 짧은 관의 길이 113mm, 폭 234mm로 제작하기로 하였다. 또 소의 관 밑 부

〈그림 4.33〉 백제금동대향로 오악기 중 소

<표 4.19> 백제금동대향로 소의 음 배열

관 번호	1	2	3	4	5	6	7	8	9	10	11	12
음명	C4	D4	E4	F4	G4	A4	B4	C5	D5	E5	F5	G5

분에 틀을 대고 인동당초문을 금박으로 장식하였다.

소의 음고는 12관에 맞게 음명을 설정하였고, 관의 배열은 직선으로 하지 않고 연주의 편리성을 고려하여 약간 휘어지도록 설계하였다. 소의 재료는 마디가 긴 시누대를 이용하여 악기에 마디가 없도록 하였다.

제작할 소의 치수는 가장 긴 관의 길이 396mm, 가장 짧은 관의 길이 113mm, 폭 234mm로 도면을 작성하였다. 또한 관 배열을 직선으로 하지 않고 약간 휘어지도록 설계하여 연주가 편하도록 하였다.

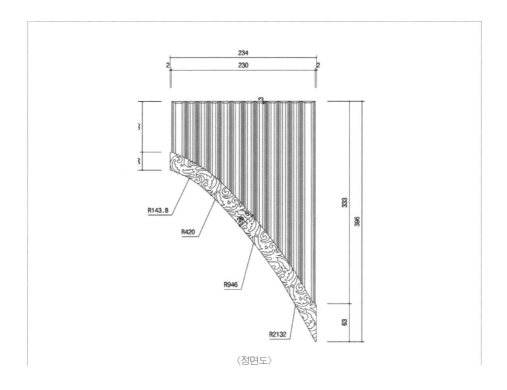

〈정면도〉

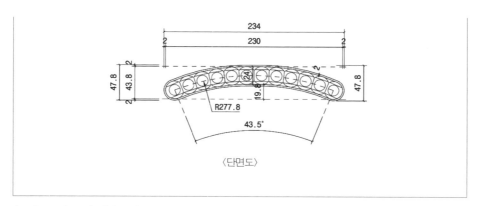

〈단면도〉

〈그림 4.34〉 소의 제작 도면

　악기의 재료는 내경이 10mm 이상이고 길이가 500mm 정도인 시누대가 좋다. 여기서도 먼저 시누대를 구입한 후 불을 가열하여 대나무를 곧게 펴야 한다. 그 후 사포를 이용해 내부 마감을 한다.

　그런 다음 2mm 정도 두께의 코르크를 이용해 대나무 바닥 부분을 막은 후 취구 부분을 불면서 음정을 조율하였다.

〈그림 4.35〉 소 제작용 시누대

〈그림 4.36〉 음정 조율하기

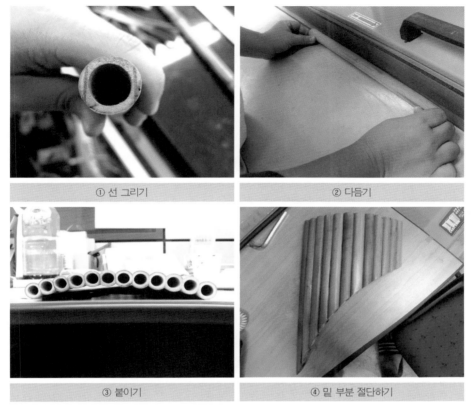

| ① 선 그리기 | ② 다듬기 |
| ③ 붙이기 | ④ 밑 부분 절단하기 |

〈그림 4.37〉 음관 붙이기

　12개의 음관이 고정되어 있도록 양쪽 옆면을 역사다리꼴 모양으로 자르고 다듬은 후, 다듬은 면끼리 접합한다. 접합이 완료된 음관은 코르크의 위치를 확인한 후 도면 형태로 밑 부분을 절단한다.

　그 후 소의 절단된 부분을 가리고 결합력을 높이기 위해 틀을 제작하였다.

　소에 사용될 문양은 음관을 고정시킨 틀에 장식하게 된다. 여기서는 부소산성에서 출토된 금동광배 테두리를 둘러싸고 있는 인동당초문을 금박으로 표현하였다.

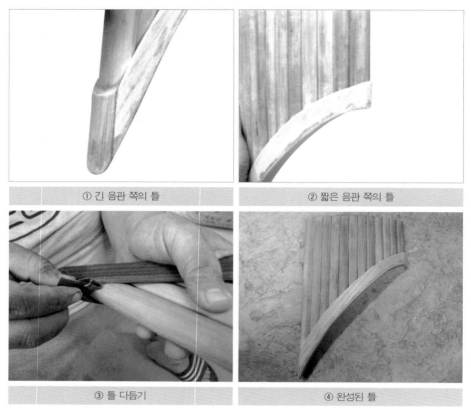

| ① 긴 음관 쪽의 틀 | ② 짧은 음관 쪽의 틀 |
| ③ 틀 다듬기 | ④ 완성된 틀 |

〈그림 4.38〉 틀 만들기

| ① 인동당초문 | ② 소의 금박 문양 |

〈그림 4.39〉 소의 문양

⑤ 백제고

백제금동대향로 속의 백제고에 대해서는 북, 생황, 자바라, 목탁 등 여러 해석이 있었다. 그래서 모든 연구결과를 수용하여 네 가지 형태로 시험 제작한 후, 악기로서의 기능을 검토해보았다.

예를 들어 그중 생황 형태는 옆 측면에 다섯 개의 지공을 만들고 그 안쪽에 리드를 넣은 후 뚜껑 부분을 올리거나 내리면 바람이 통하여 소리가 나도록 제작하였다. 그런데 소리는 어느 정도 발생하였으나, 연주법에 있어 지공을 다 막은 상태에서 원하는 소리를 내기 힘들었다. 일반적으로 지공 하나를 열면 소리가 발생하는데, 이때 다른 지공은 다 막고 있어야 하는 불편점이 있다. 또 내부 공간이

〈그림 4.40〉 백제금동대향로 오악기 중 백제고

| ① 생황 형태 | ② 목탁 형태 | ③ 자바라 형태 |

〈그림 4.41〉 백제고 시험 제작 악기

구 분	재료명	학 명
북통	벚나무	Prunus serrulata var. spontanea Wilson
가죽	소가죽	
채	박달나무	Betula schmidtii Regel

크지 않아 공기량이 적으며, 이에 따라 지속음의 경우는 구현하기가 매우 어려운 점이 있었다.

이처럼 여러 가지 형태로 시험 제작하여 백제고를 형태를 검토해보았다. 그러나 백제고에 대해서는 이견이 많아 지속적인 연구가 필요하다는 해석의 여지를 남겨두기로 하였다. 그런 가운데 이번 오악사의 악기 재현에서는 북 형태로 제작하게 되었다.[11]

백제고의 재료는 가죽이 당겨지는 힘을 견딜 수 있도록 강도가 강한 벚나무로 북통을 제작하였다. 가죽은 두꺼운 소가죽을 사용하였다.

백제고의 외형적인 부분은 3D 스캐닝을 통해 얻은 실측 결과(길이 14.55mm, 폭 16.39mm, 높이 5.41mm)를 최대한 반영하였고, 디자인 측면을 고려하여 제작 도면을 완성하게 되었다.

백제고의 치수는 〈그림 4.42〉에서 보는 바와 같이 가로 폭 410mm, 세로 폭 355mm, 높이 102mm로 하였다. 또한 백제고 뒷면에는 252mm 직경의 구멍을 뚫어 북 소리의 울림이 더욱 향상되도록 디자인하였다.

---

11 백제고 제작은 난계국악기제작촌 타악기 공방(대표: 이석제, 충북 영동 소재)에서 담당하였다.

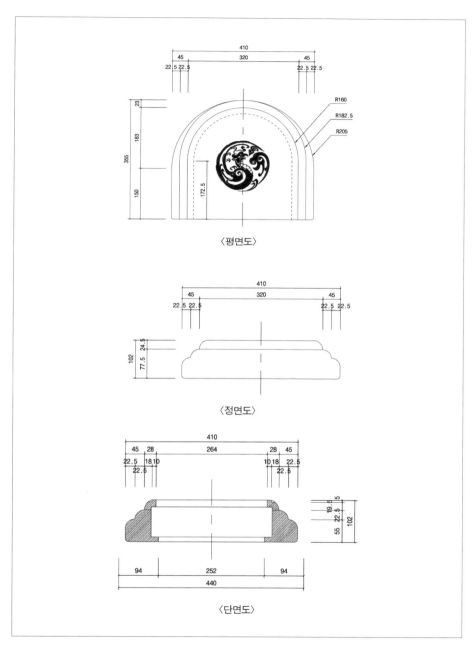

〈평면도〉

〈정면도〉

〈단면도〉

〈그림 4.42〉 백제고의 제작 도면

〈그림 4.43〉 백제시대의 유물인 팔문전 중 봉황문　〈그림 4.44〉 백제고의 봉황 문양
전의 문양

　백제고는 북의 크기가 작은 편인데, 이에 따라 공명통도 작아 소리가 높았다. 따라서 현재 저음 지향의 국악기 특성에 맞추어 두꺼운 가죽을 쓰고 공명통 내부를 가능한 한 넓게 제작하였다. 여기에 백제시대 유물인 팔문전(보물 343호) 중 봉황문전의 문양을 가죽 중앙에 금색으로 장식하였다.

　완성된 백제금동대향로 속의 오악기 형태 및 특성을 정리하면 〈표 4.21〉과 같다.

〈표 4.21〉 완성된 백제금동대향로 속의 오악기 형태 및 특성

구분	완함	백제금	백제적	소	백제고
성격	현악기	현악기	관악기	관악기	타악기
형태	4현 13괘. 울림통과 머리, 지판, 주아	6현금 형태	취구, 지공이 있는 관악기	12개의 음관	작은 북 형태
음고	월금의 음 배열을 따름	현행 금 연주 음고를 참고로 함. 악곡에 따라 조율 가능	운지법에 따름	12개음	

(계속)

복원 방향	향로의 완함 악기 형태를 따름	향로에 보이는 형 태를 따르되 기능 적인 면에서는 금 형태를 따름	향로의 백제적 원 형을 따름	원형을 따르되 연 주의 편리성을 위 해 관 배열을 휘 어지도록 함	북으로 선정, 저 음 지향 , 두꺼운 가죽 사용, 공명 통 내부를 넓게 함
구성 요소	앞판, 뒤판, 지판, 머리, 주아, 현	앞판, 뒤판, 현	취구, 지공(뒷면 1개와 앞면 5개)	12대의 길고 짧 은 음관, 고정틀	북통, 가죽, 채
주요 재료	오동나무, 느티 나무, 장미나무, 명주실	오동나무, 밤나 무, 명주실	대나무(황죽)	시누대	벚나무, 소가죽, 박달나무
문양 (금칠)	연꽃 문양	새 문양	인동당초문	인동당초문	봉황 문양

〈그림 4.45〉와 〈그림 4.46〉은 백동금동대향로 속 오악기를 복원하여 제작,
완성한 악기의 실제 모습과 3D 복원 이미지, 그리고 그것의 디자인 도면을 정리
한 것이다.

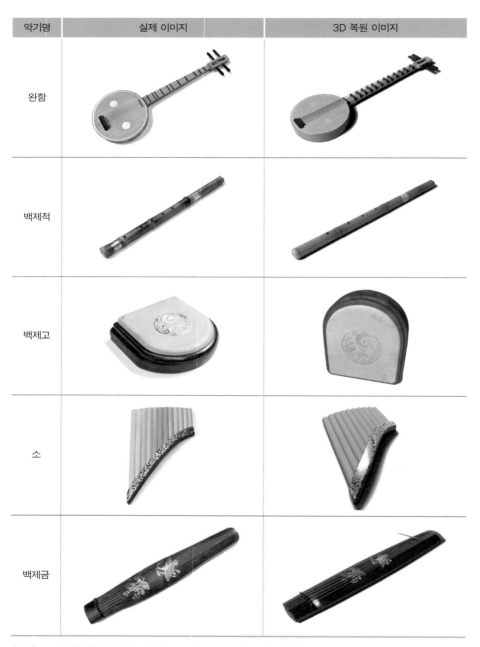

악기명	실제 이미지	3D 복원 이미지
완함		
백제적		
백제고		
소		
백제금		

〈그림 4.45〉 백제금동대향로 오악기의 실제 모습과 3D 복원 이미지

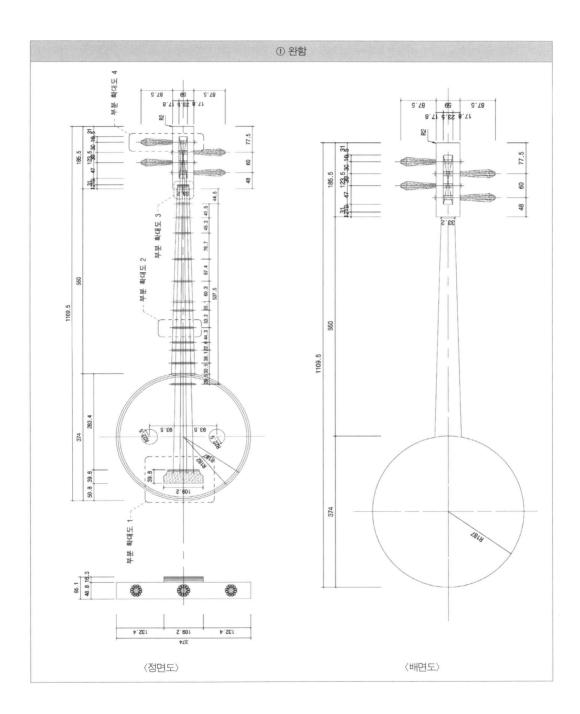

〈정면도〉   〈배면도〉

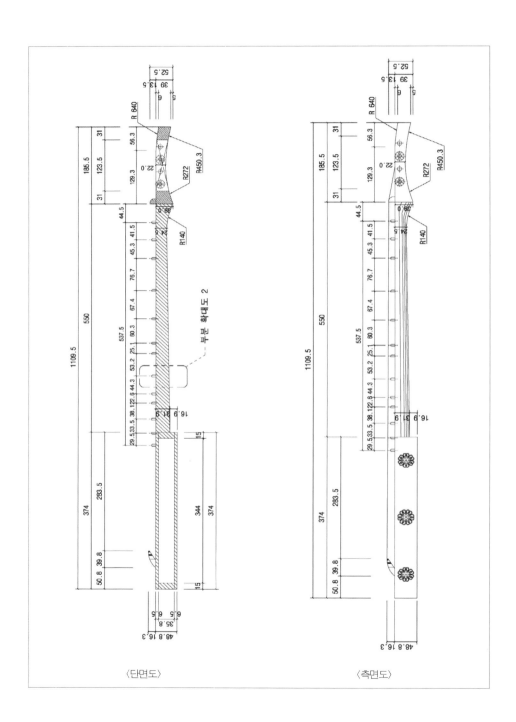

〈단면도〉 〈측면도〉

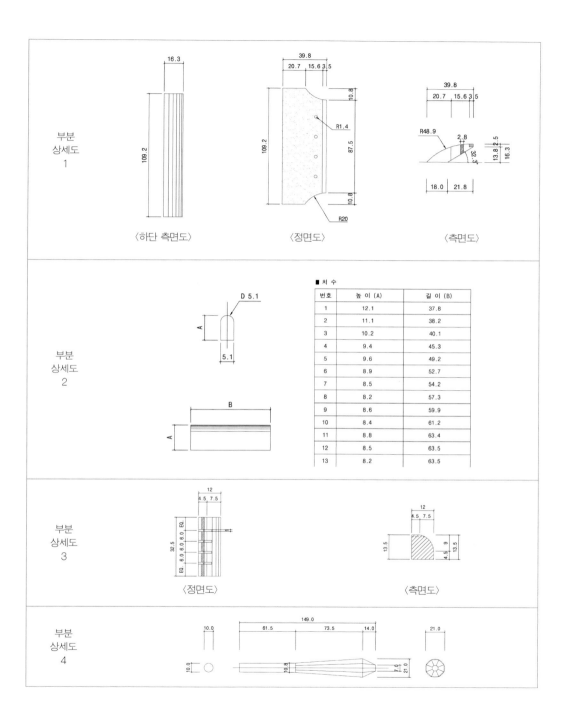

번호	높 이 (A)	길 이 (B)
1	12.1	37.8
2	11.1	38.2
3	10.2	40.1
4	9.4	45.3
5	9.6	49.2
6	8.9	52.7
7	8.5	54.2
8	8.2	57.3
9	8.6	59.9
10	8.4	61.2
11	8.8	63.4
12	8.5	63.5
13	8.2	63.5

부분 상세도 1

〈하단 측면도〉 〈정면도〉 〈측면도〉

부분 상세도 2

부분 상세도 3

〈정면도〉 〈측면도〉

부분 상세도 4

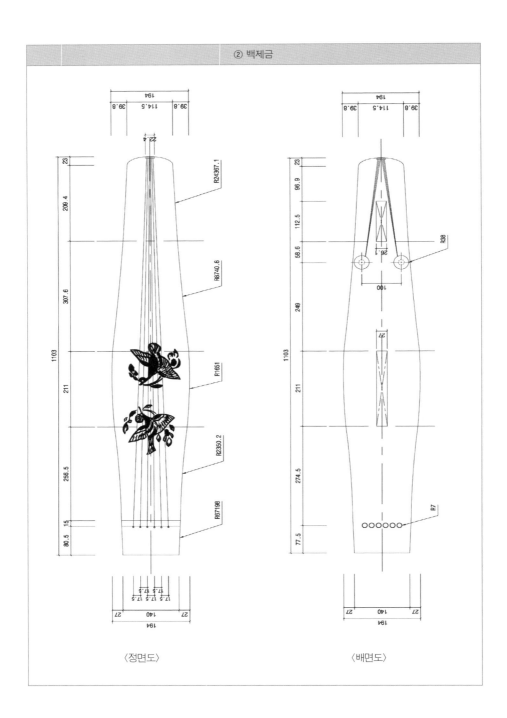

〈정면도〉   〈배면도〉

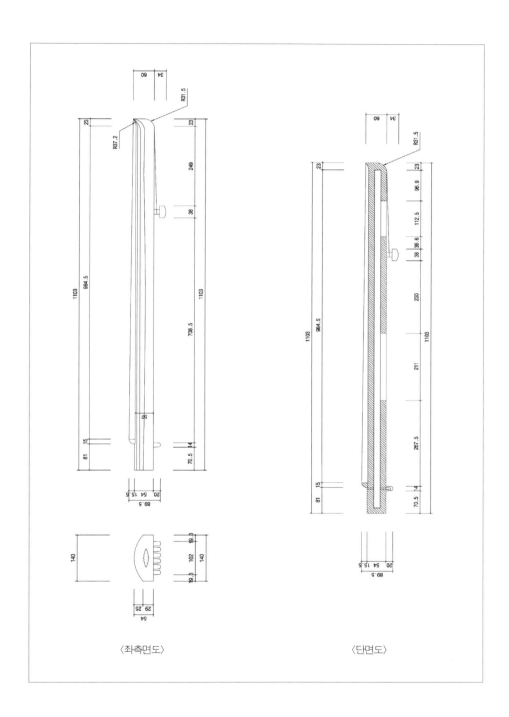

〈좌측면도〉

〈단면도〉

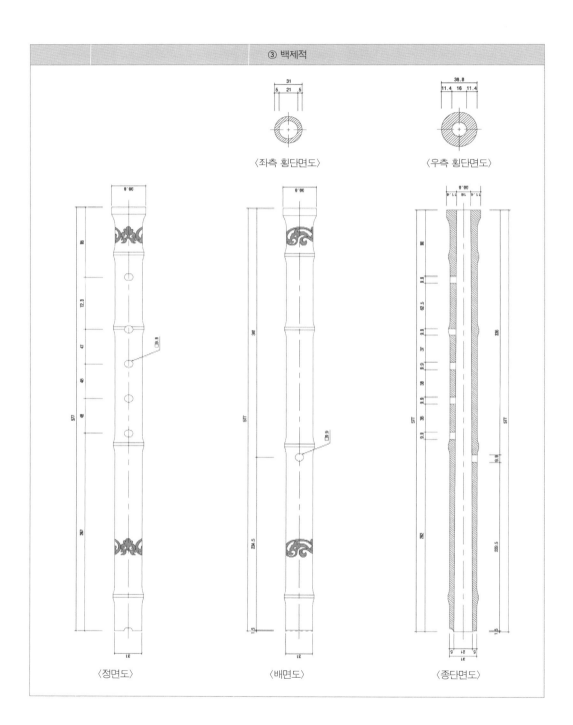

〈좌측 횡단면도〉　　　　〈우측 횡단면도〉

〈정면도〉　　　　〈배면도〉　　　　〈종단면도〉

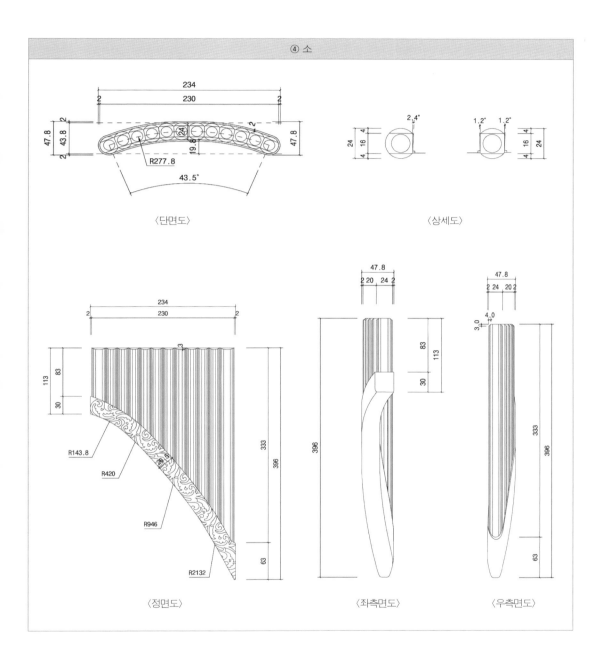

〈단면도〉 〈상세도〉

〈정면도〉 〈좌측면도〉 〈우측면도〉

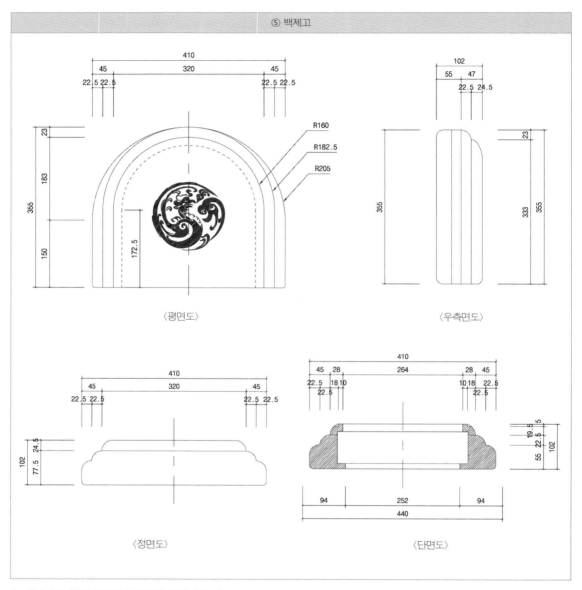

〈평면도〉　　　　　　　〈우측면도〉

〈정면도〉　　　　　　　〈단면도〉

〈그림 4.46〉 백제 오악기 복원제작 디자인 도면

(3) 오악기 복원의 제작 성과

백제금동대향로의 오악기 복원과 제작은 백제 음원을 재현하는 과정에서 실제로 연주가 가능한 악기로 복원하여 백제의 문화콘텐츠로 개발하기 위해 수행되었다. 이를 위해 오악기에 대한 철저한 고증과 연구를 바탕으로 관련 유물이나 문헌에 대한 검토를 통해 연주 가능한 악기로 복원, 제작하였다.

복원제작에 있어서 완함, 소, 백제적은 악기의 성격이 분명하였는데, 백제금과 백제적은 악기의 성격이 불분명하였다. 이에 따라 성격이 분명한 악기는 역사적 배경을 최대한 반영하였고, 성격이 불분명한 악기는 원형을 따르되 연주 가능한 형태로 제작하였다.

오악기의 형태를 복원하여 연주 가능한 악기로 제작해보았지만, 아직까지 백제 악기의 정체성을 완전히 파악하지는 못하였다. 하지만 백제 악기에 대한 의견 교류와 연구 검토를 통해 그 정체를 재조명하게 되었고, 원형에 가깝게 복원, 제작해봄으로써 연주 가능성을 확인할 수 있었다.

이러한 연구성과는 묻혀 있던 백제 음악의 정체를 파악하는 중요한 역할을 할 수 있을 것으로 기대된다.

악곡 작곡 및 제작

백제 음원을 찾기 위해서는 백제의 이미지가 살아나는 음악이 필요하다. 그런데 백제 음악의 전통이 현대에까지 제대로 이어지지 않아 그 실체를 파악하기 어렵다는 한계가 있다. 이를 해결하기 위해서 다음과 같은 연구를 통해 백제 음악을 완성하게 되었다. 우선 백제와 관련된 가사를 정리한 후, 가사에서 느껴지는 백제의 이미지를 찾도록 하였다. 그런 다음 백제 이미지를 살린 음원을 찾고, 그 것을 활용해 작사와 작곡이 이루어지도록 하였다. 그 후, 새로운 백제 악곡을 창 작하고 시험연주를 하게 된다. 이 과정에서 창작된 백제 악곡의 장단점을 보완하 고 편곡과정을 거쳐 최종 완성하였다. 이러한 작업의 결과 창작 악단의 연주를 바탕으로 앨범도 제작되었다.

1) 백제 가사 정리

백제 가사 정리사업은 백제 음원 재현 및 콘텐츠 개발을 진행하는 과정에서 백 제금동대향로의 오악기를 복원하여 연주할 악곡의 가사를 추출하는 것이다.

백제 관련 시가는 고대부터 현대에 이르기까지 모든 장르에 두루 존재하고 있 다. 하지만 이에 대한 종합적이고 체계적인 정리가 이루어지지 않고 있어 백제 시가의 전모를 파악하기 쉽지 않다. 이에 따라 백제 관련 시가를 종합적으로 수 집하여 관련 자료를 데이터베이스화하고, 이를 통해 백제 노래의 작사, 작곡을 위한 원천자료로 활용함으로써 찬란했던 백제문화의 콘텐츠 개발 및 축제화에 기여할 것으로 기대된다.

이 사업은 전남대학교 지역문화교육연구개발센터에 학술연구용역을 의뢰하여 실시하였으며, 2009년 8월 17일에서 2010년 1월 13일까지 5개월에 걸쳐 진행하 였다.

백제와 관련된 시가를 정리한 기준은 시대적 · 지역적 · 소재적 · 장르적 차원 으로 나누어 이루어졌는데, 구체적인 내용은 다음과 같다.

먼저 시대적으로는 마한시대부터 현대까지를 대상으로 하였으며, 지역적으로 는 백제의 수도를 중심으로 하되, 백제문화권에서 전승되는 시가를 포함하였다. 또 소재적 차원에서는 백제의 역사, 인물, 지명과 전설, 설화, 문화 등을 기준으로 관련 소재나 주제를 구현한 가사를 대상으로 하였다. 장르적 차원에서는 백제의 시대적 · 지역적 · 소재적 차원을 반영한 모든 장르의 시가를 대상으로 하였다.

시가 장르	국문시가											한문시가		기타
	백제 가요	향가	고려 가요	시조	가사	판소리	민요	무가	현대시	대중 가요	현대 가곡	한시	부	기타
작품수	5	1	4	12	5	3	8	1	77	31	5	332	2	1

구체적인 시가 장르와 작품 수는 〈표 4.22〉와 같다.

　내용적 측면에서 국문시가의 경우는 백제의 역사와 관련된 내용이 다수를 차지했다. 대체로 찬란했던 백제문화의 회상과 무너진 백제 왕조에 대한 한탄이 중심내용을 이루었다. 인물에서는 서동(무왕)과 선화공주, 의자왕, 삼천궁녀, 성충, 계백, 왕인박사 등이 언급된 작품이 많았다. 또한 유적지로는 무령왕릉, 왕궁성, 궁남지, 낙화암, 곰나루, 부소산성, 부여팔경, 조룡대 등이 있고, 지명으로는 금강, 백마강, 부여 등이 있다. 유물에는 금동대향로, 목침, 피리 등을 읊은 작품들이 많았다. 특히 현대시에서는 일본에 소개된 백제문화를 회고하는 내용이 다수를 차지했다.

　한문시가는 아직까지 번역되지 않은 작품이 많아서 우선 조사를 통한 자료의 수집, 정리를 목표로 하였다. 일부 작품에서 국역되어 있는 작품은 국역문을 함께 실었으나, 대부분의 작품은 한글 번역이 뒤따라야 할 것이다.

　백제 가사 정리작업은 현재까지 전승 및 창작되어왔던 백제 관련 시가작품에 대한 체계적인 조사와 정리가 이루어졌다는 데 의의가 있다. 이 과정에서 한국의 전통시가뿐만 아니라 한시 및 근·현대에 창작되고 유행했던 가요까지 총망라하여 데이터베이스화하였다. 이 사업을 통해 백제의 이미지를 살린 음악을 창작할 수 있는 원천자료를 확보하게 된 것이다.

2) 표준 음원 재현 및 작사·작곡

백제 음악을 재현하기 위해서는 표준 음원의 제작이 선행되어야 한다. 오악기 소리의 표준 음원 제작은 국립국악원에서 음원 가상 복원 시스템(SRS: Sound Restoration System)을 적용하여 이루어졌다. 이 과정에서 악기의 크기와 형태, 재료에 대한 데이터를 입력하여 백제의 역사성 및 문화에 가장 어울리는 소리를 표본추출하였다. 대상 악기는 현악기 2종, 관악기 2종, 타악기 1종이다.

이후 국내의 저명한 작사가와 작곡가를 위촉하여 백제 악곡을 창작하였다. 백제 음원 복원과 콘텐츠 개발에 필요한 악곡의 작사와 작곡은 백제 가사 정리사업에서 이루어진 원천자료를 활용하였다. 여기서는 특히 백제의 기상과 이미지를 표현하는 데 주안점을 두었다.

작사에는 송문헌, 김필연, 한정희, 전경애, 이향숙 등이 참여하였으며, 각각 〈금동대향로〉, 〈백제 아리랑〉, 〈백제의 꿈 – 백제금동대향로〉, 〈오악사의 꿈〉, 〈오호라, 태평성대로세〉라는 총 다섯 편의 노래 가사를 창작하였다.

백제 악곡의 작곡은 이상규, 황의종, 이정면, 윤혜진, 김일섭, 이종구, 이준호, 전인평 등이 참여하였다. 실내악 네 곡과 관현악 네 곡 등 총 여덟 개의 작품을 창작하였다. 이 중에서 실내악곡은 〈영기〉(윤혜진), 〈백제의 꿈〉(김일섭), 〈백제 아리랑〉(이상규), 〈백제의 향기〉(이종구)이며, 관현악곡은 〈달하노피곰〉(이정면), 〈산성의 아침〉(이준호), 〈백제여! 향로여!〉(전인평), 〈백제인의 미소〉(황의종)이다.

3) 음원콘텐츠 제작 및 시연

오악기를 복원, 제작한 이후 시연회를 통해 창작한 곡을 연주하였다. 시연회를 통해 악기의 성능과 음질을 점검하고, 창작곡 연주의 음향 상태를 점검하였다. 시연회는 2010년 2월 25일 국립국악원 우면당에서 열렸다. 시연회에는 국립국악원, 충남 도청, 충남문화산업진흥원, 충남역사문화연구원, 부여군청, 국립민속박물관 등 유관기관과 자문위원, 작곡가, 작사가 등이 참석하여 복원한 악기와 악기 배치, 음향, 악곡 등에 대한 문제를 점검하고 의견을 나누었다.

시연회 결과 몇 가지 보완점이 제기되었다. 악기와 관련해서 타악기에 대한 정확한 해석과 음질의 개선이 필요했다. 또 타악기는 북으로 해석하였다. 연주 시악기 배치는 백제금동대향로에 나타난 오악기의 배치 형태와 뇌 구조에 따른 관악기와 현악기의 악기 배치 형태가 있었는데, 재검토가 필요하다는 결론을 내렸다. 음향과 악곡은 큰 문제가 없었으며, 노래는 정악과 민속악 등 다양한 형태로하는 것이 바람직하다는 의견이 있었다.

이후 시연회에서 제기된 문제점을 보완한 후, 악기와 악곡을 최종 점검하게 되었다. 그 후 창작악단의 연주회에서 공연을 개최하게 된다.

4) 연주 보고회 및 기념공연

연주 보고회는 오악기 음원 복원, 연주, 공연, 산업화 등 종합예술을 추진하기위해 '백제금동대향로 오악기 음원 개발사업' 중간보고 형식으로 개최하였다. 연주회를 통해 백제 음원 및 콘텐츠 개발사업의 올바른 방향 및 '2010년 세계대백제전 공연' 추진방향을 설정하고 향후 충남을 대표하는 이벤트로 자리매김하기위함이다.

연주 보고회는 2010년 4월 1일 충청남도청 대강당에서 개최되었으며, 충청남도 도지사 권한대행 및 대백제전 조직위원회, 도의원, 기자단, 도 공무원 등 약 100여 명이 참석한 가운데 오악기를 포함한 국악 오케스트라가 백제 창작곡 아홉 곡 중 대표곡 세 곡 〈영기〉(윤혜진 작사 · 작곡), 〈백제 아리랑〉(이상규 작곡, 김필연 작사), 〈산성의 아침〉(이준호 작사 · 작곡)이 연주되었다.

연주 보고회는 최첨단기술과 전통이 공존하는 자리이기도 하였다. 한국생산기술연구원에서 개발한 최첨단 안드로이드 국악 로봇 '에버'와 국악 오케스트라의 협연도 이루어졌다. 단지 옛것을 재현하고 시연하는 것에 멈추지 않고 첨단 문화

〈그림 4.47〉 연주 보고회 장면

와의 결합을 보여주는 계기가 되기도 하였다.

또한 국립국악원과 충청남도는 우수한 문화유산으로 탄생된 백제문화 콘텐츠를 대중에게 알리기 위해 2010년 6월 8일부터 9일까지 국립국악원 우면당에서 '2010년 세계대백제전 D-100 기념공연'을 개최하였다. 기념공연에서는 '백제 음원 재현 및 콘텐츠 개발사업'을 통해 개발된 '백제 창작악곡'(8곡), '백제를 모티프로 작곡된 기존의 곡' 등을 연주하고, 오악사를 모티프로 한 '백제문화상품'을 전시·소개하는 자리도 함께 가졌다.

〈그림 4.48〉 공연 장면

〈그림 4.49〉 백제문화상품 및 국악 로봇 에버

　백제 오악사 복식 및 두발 모양 재현사업은 백제 음원 및 콘텐츠 개발사업의 결과로 백제 악곡을 창작한 후, 창작악단의 공연에서 연주복으로 착용할 악사들의 복식과 두발 모양을 재현에서 출발한 것으로 실제로 연주할 때 필요한 복식과 두발 모양 재현도 함께 개발되어야 한다는 의견에서 비롯되었다.

　사업기간은 2010년 5월부터 12월까지 7개월에 걸쳐 진행되었으며, 관련 유관기관(국립국악원)과의 업무협약을 통해 공동사업을 진행하여 콘텐츠를 개발하는 것으로 하였다. 따라서 전문가의 고증, 연구를 통해 백제 오악사 복식 및 두발, 장신구에 대한 기준체계를 마련하고, 국내외 백제 관련 행사(2010년 세계대백제전, 일본 왓소 마츠리 등)에 활용하여 백제문화의 우수성 제고와 저변을 확대하고자 하였다.

　복식 재현의 기본 원칙은 백제금동대향로 속 악사(연주자) 복식의 특징과 백제 복식문화를 반영하여 고품격의 복식으로 제작하기로 하였다. 또한 전시용 복식과 연주용 복식으로 구분하여 전시용은 고증에 충실하게 제작하고, 연주용은 고증을 바탕으로 하되 연주의 편리함을 고려하고 기능성을 가미하여 제작하기로 하였다.

　개발할 내용은 두발 및 장신구(신발)를 포함하여 전시용 복식 세 벌과 연주용 복식 25벌로, 총 28벌을 복원, 제작하는 것이다. 한 벌은 고(袴, 바지), 유(襦, 저고리), 포 등을 모두 포함하는 것을 말한다.

　복식의 복원, 제작과정은 기초고증 연구, 제작 방향 설정, 그래픽 도안 작성, 디자인, 시작품 제작을 거쳐 완성되었다. 먼저 백제 오악사의 복식과 관련된 기초자료를 수집하여 분석한 후, 전문가위원회를 구성하여 복식 및 두발 고증연구를 실시하였다. 이와 함께 일본 답사를 통해 고대국가의 복식과 두발 형태를 자문 받았다. 특히 왓소 마츠리에서 사용되는 백제 가발 모양과 전통 백제 복식 및 두발 형태를 자문 받고 관련 자료를 수집하였다. 또한 복식 및 두발 관련 세미나

(2010년 8월 6일)에서는 추진현황보고와 향로 속 악사 복식의 특징에 대해 논의하였다. 이때 복식 및 두발 디자인 발표도 이루어졌는데, 자문회의를 통해 최종안을 결정한 후 오악사 복식과 두발, 장신구를 제작하게 되었다.

이후 2010년 세계대백제전에서 복식 및 두발, 장신구를 활용하였고, 부여와 국립국악원에서 결과물을 전시하였다.

1) 복식 고증

기초고증 연구에서는 백제 복식 관련 문헌자료를 수집하여 검토하고, 전문가에게 자문을 구해 복식 복원 방향을 설정하였다.

우선 문헌 검토에서는 백제의 악사 복식과 관련해서 기록이 많지 않지만, 다음 몇 가지 자료를 통해 연주복식을 추정해볼 수 있다.

첫째, 백제 고이왕(234-285) 때부터 16품 관제가 마련되어 관식과 의대의 색으로

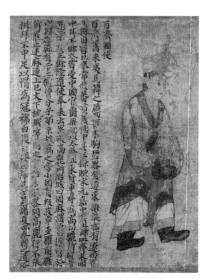

〈그림 4.50〉〈양직공도〉 중 백제 사신
자료: 중국역사박물관 소장.

신분의 높고 낮음을 구분했다. 이에 따라 연주복식도 이러한 관복과 관련이 있을 것으로 보인다.

둘째, 백제 복식의 귀중한 도상자료인 〈양직공도〉(梁職貢圖, 중국역사박물관 소장)에는 백제 사신의 모습이 그림으로 남아 있다. 이에 따르면 머리에 관을 쓰고, 선이 둘러진 저고리[襦]를 입고, 넓은 띠[帶]를 두르고 있다. 또 선을 두르고 길이가 발목 위로 올라오는 넓은 바지를 입고, 목이 높은 화를 신고 있는 모습이다.

셋째, 백제 무용수의 복식에 대해『통전』에 다음과 같은 자세한 기록이 남아 있다.

"백제의 무용수는 자색의 큰 소매가 달린 저고리와 치마를 입고(紫大袖裙襦), 장
보관(章甫冠)을 쓰고, 가죽신[皮履]을 신었다."

이 기록에서는 백제 무용수의 복식 구성과 색상, 관의 모양을 자세히 언급하고
있다. 백제 무용수 복식은 모자, 저고리, 치마, 신발로 구성되어 있고, 색상은 주
로 자색을 많이 사용하였다. 여기서 장보관은 선비들이 쓰던 관의 일종을 말한
다. 고구려 연주자들이 장화[靴]를 착용한 데 비해, 백제 연주자의 신발은 가죽으
로 만든 단화[履]였다. 그리고 자색은 백제의 제1에서 제6관등의 관리들이 착용한
복식의 색이다. 이러한 백제의 복식 구성과 색상은 고구려에 비해 상대적으로 다
양하지 않은데, 그 이유는 『통전』의 기록이 백제 멸망 이후의 음악문화를 기록해
놓은 것이기 때문으로 여겨진다.

다음으로 국내외 전문가들이 소지하고 있는 백제 복식 관련 자료를 수집하고
그에 대한 자문을 받았다.

국외 전문가로는 일본 백제사의 권위자이며 백제 복식에 대한 연구논문을 썼고
현재 교토대학 명예교수 겸 왓소 마츠리 집행위원장을 맡고 있는 이노쿠마 가네
카츠(猪熊兼勝) 박사와 시가박물관 고고학부장 요다(用田) 박사를 통해 이루어졌다.
자문은 일본 답사 중에 있었는데, 이들은 백제 오악사의 3D 화면을 보고 고대국가
의 복식 및 두발 형태에 대해 다음과 같은 의견을 전해주었다.

첫째, 고대 동북아 복식의 옷깃 형태를 살펴보면 크게 두 가지로 구별된다. 첫
번째로 백제와 일본은 오른쪽이 위, 왼쪽이 아래로 위치해 교차하고 있고, 두 번
째 당나라와 신라는 왼쪽이 위, 오른쪽이 아래로 교차한다. 그러나 백제가 패망
한 이후 당의 복식형태로 통일되었다. 따라서 전통 백제 양식은 오른쪽이 위, 왼
쪽이 아래로 교차방식이 아닌, 어느 쪽도 겹치지 않고 반듯하게 내려가서 끈으로
묶은 형태이다.

둘째, 윗옷은 바지의 형태가 아닌, 폭넓은 두루마기 형태로 고대의 스님들이 입
던 긴 두루마기 또는 치마의 형태일 것으로 판단된다. 앉는 방법으로 성별을 구분

| 백제 전통의복 | 복원 후지와라 가타마리 | 서벽여장군상(일본 다카마츠 고분벽화) |

〈그림 4.51〉 백제의 전통 복식 및 벽화 이미지

하면 배소 및 완함은 여성, 그 외 악기를 들고 있는 것은 남자라고 볼 수 있다.

셋째, 윗옷의 가운데 선은 긴 두루마기 또는 치마를 묶을 수 있는 끈으로 구성되어 있을 것이다.

넷째, 옷감의 색은 흰색을 많이 썼으나 다른 색도 무방하다고 본다.

다섯째, 옷감의 소재는 주로 '실크'일 가능성이 크다. 하지만 제작할 때 '마'를 사용해도 무방할 것으로 보인다.

이후 국내에서는 백제 복식 및 두발 모양 재현사업 전문가 및 실무자 간담회를 통해 오악사에 대한 성별, 신체 크기 등에 따른 복식 및 두발 모양 재현의 기본방향에 대해 의견을 모았다. 국내 복식 자문위원으로는 공주대학교 고고학과 이남석 교수, 중부대학교 패션디자인학과 윤양노 교수 등이 참여하였는데, 2차에 걸친 자문회의를 통해 백제 악사의 복식에 대해 논의하였다.

또한 백제 오악사 복식 및 두발 모양 재현 세미나를 개최하여 디자인에 최종 의견을 모았다. 이 자리에는 (주)메종 드 이영희의 이영희 대표를 포함하여 중부대학교 패션디자인학과 윤양노 교수, 한국학 중앙연구원 조경철 객원연구원, 공

〈표 4.23〉 백제 오악사 복식 및 두발의 기본 요소

구 분	기본 원칙
옷 감	백제 문양이 들어간 것은 현실적으로 불가능하므로 최대한 문양이 없는 원단을 선택하고, 깃이나 띠에 백제 문양을 넣음.
포의 소매 형태	반비의 의견도 있었으나, 긴 소매의 대수포로 함.
저고리 깃의 형태	직령
저고리 소매	연주의 편리성을 위해 저고리 속이나 겉에 여미는 장치를 마련함.
무의 유무	사료에 의하면 당시 포에는 무는 없으나, 미적인 측면과 연주의 편리성을 고려하여 연주용에만 넣고 전시용에는 넣지 않기로 함.
깃의 여밈	왼쪽이 위로 오는 형태(우임)라는 의견과 오른쪽이 위로 오는 형태(좌임)라는 의견이 있었으나, 제작자의 결정에 따르기로 함.
하 의	남녀 구분 없이 바지로 하되, 바지폭은 연주의 편리성과 미적인 측면을 고려하여 제작함.
두 발	소의 연주자 측면에 귀가 보이므로 귀 뒤 측계로 붙이자는 의견이 있었음.

주대학교 사학과 정재윤 교수, 공주대학교 사학과 박사과정 라선정 외에 유관기관 관계자들이 참석하여 세부적인 사항을 결정하였다.

특히 자문위원으로 참여하였던 중부대학교 윤양노 교수는 "백제금동대향로 주악상 복식 재현을 위한 연구"란 논문을 발표하면서 백제금동대향로 속 악사의 복식 재현에 대해 구체적인 내용을 제시하였다. 그는 백제금동대향로 주악상(악사)의 모습을 향로의 형태·제작·주악상의 의미 등 백제의 정체성에 초점을 맞추되 종교, 문화, 정치, 대외관계 등과 일반 복식과의 관계 속에서 연주자 복식에 대한 결과를 얻고자 한 것이었다.

연구에서는 우선 백제 관련 사료를 중심으로 복식을 이해하고 회화자료를 통해 착장 형식을 살펴본 후, 비교적 옷의 형태가 잘 표현된 악사의 복식 세 점을 선별하여 복식에 표현된 선과 실루엣을 근거로 여자 연주자의 복식형태를 제시하였다. 남자 연주자의 복식은 문헌기록과 〈양직공도〉에 그려져 있는 백제 국사의 모습을 근거로 복식형태를 정한 것이다.

이 연구는 악사 복식의 완벽한 고증에 있는 것이 아니고, 악사의 모습을 근거

로 백제문화 콘텐츠로서의 백제 음악을 복원하고 연주하기 위한 연주자의 복식을 재현하는 것이다. 주악상의 인물은 모두 여자로 보이나, 실제 연주를 위해 남녀 연주자의 복식을 함께 제시한 것이다.

먼저, 여자 연주자의 복식은 유와 상·군(裳·裙, 치마)을 두 가지 형식으로 입고 그 위에 소매가 넓은 포(袍, 두루마기)를 입고 대(帶, 띠)를 띤 모습과 어깨에 표(裱, 목수건)를 두른 모습으로 재현하였다. 머리는 주악상의 모습과 같이 오른쪽에서 묶어 고정시킨 모습으로 제시하였다.

다음으로 남자 연주자의 복식은 폭이 넓은 고를 발목을 묶거나 묶지 않고 그 위에 유와 소매가 넓은 포를 입고 대를 띤 모습으로 제시하였다. 특히 백제는 품계에 따라 포 위에 둘렀던 대의 색이 달랐으므로 백제 성왕 시기에 일본에 보내졌던 악인의 품계가 8품 시덕(施德)이었던 것에 기초하여 대의 색은 조색(皂色)으로 하였다. 머리에는 변(弁)형 건(巾)을 쓰도록 하였다.

복식 재현에서도 이러한 내용을 반영하게 되었다. 이를 근거로 완성된 연주복 시안은 착장과 시연을 통해 연주복으로서의 미적 요소와 악기의 연주법과 특성에 따른 복식의 기능적 요소를 검증, 보완할 수 있도록 방향을 잡았다.

이처럼 복식 재현사업은 문헌 조사를 통한 역사적 고증과 국내외 전문가들의 의견, 그리고 세미나와 자문회의 등에서 나온 연구결과를 종합해서 복식 재현에 반영하게 되었다.

2) 복식 구성 및 도식화 작업

오악사 복식을 남녀로 구분하여 남자 복식은 유, 고, 포는 소매가 넓은 광수포(廣袖袍), 대, 리(신발, 履)로 구성하였다. 여자 복식은 유, 상, 포, 대, 리와 머리를 묶는 끈으로 구성하였다.

남녀 복식의 구성을 설정한 이후, 3차에 걸친 일러스트 작업과 2회의 도식화과정을 거쳐 복원할 복식의 형태를 정하였다. 일러스트 작업에서 1차는 컴퓨터로,

〈그림 4.52〉 1차 일러스트(컴퓨터작업)

〈그림 4.53〉 2차 일러스트(수작업)

2차는 수작업으로 진행하였다.

　3차에서는 남자 복식에 관(冠, 갓)을 씌운 전체 착장 모습의 앞, 옆, 뒤를 구분하였고, 여자 복식에서는 표를 두른 모습으로 구분하여 표현하였다.

① 〈양직공도〉의 백제 사신과 같이 고의 단을 대로 매지 않은 경우(남)

② 악사의 연주 편리성 등을 고려하여 바짓단을 대로 묶은 경우(남)

③ 표를 두르지 않은 경우(여)

④ 표를 두른 경우(여)

〈그림 4.54〉 3차 일러스트(선 자세)

3차에 걸친 일러스트 작업을 바탕으로 1차에서는 유, 고(상), 포, 리 등을 남녀로 구분하고 품목별로 도식화하였다.

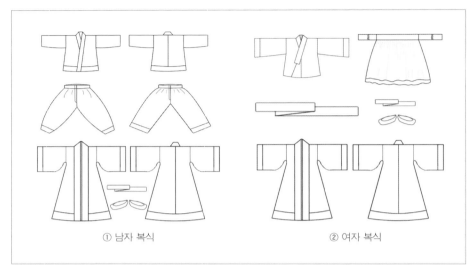

① 남자 복식　　　　② 여자 복식

〈그림 4.55〉 1차 도식화

2차에서는 남녀 복식을 품목별로 도식화하여 채색하였다.

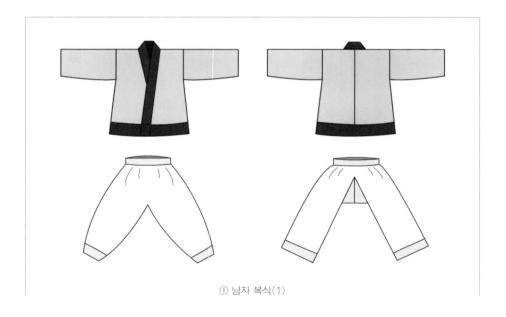

① 남자 복식(1)

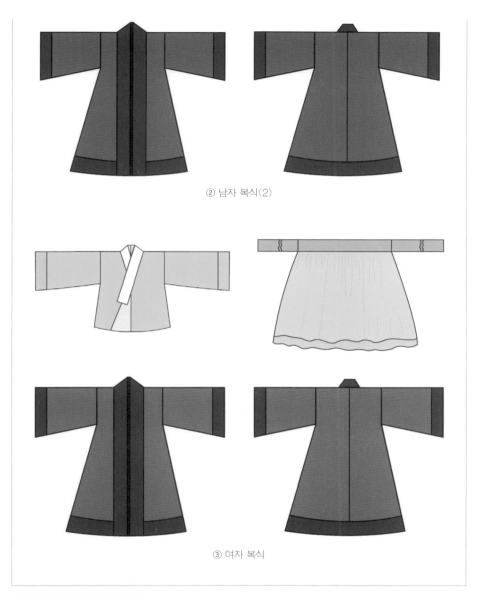

② 남자 복식(2)

③ 여자 복식

〈그림 4.56〉 2차 도식화 채색

3) 제작 방향 설정

복식 제작 방향은 역사적 근거에 바탕을 두고 백제금동대향로 속 오악사의 복식을 재현하기로 하였다. 그와 함께 세미나와 자문회의를 통해 결정된 의견에 따라 연주복식의 구성, 형태, 색 등의 기준을 마련하였다.

복식은 향로 속 오악사의 모습에 충실하도록 하였으며, 각각의 특징적인 부분을 종합하였다. 예를 들어 백제고 악사의 가슴띠, 백제적 악사의 넓은 소매, 완함 악사의 주름 있는 넓은 바지, 백제금 악사의 걷어 올린 소매 등에서 착안하여 제작 방향을 설정하였다.

따라서 복원할 백제금동대향로 속의 연주복식은 남녀의 옷을 구분하지 않고, 포, 중단, 바지, 저고리, 단화로 구성하였다. 포는 백제의 관리 복식을 따랐고, 중단은 옷의 품격을 높이기 위해 추가하였다. 신발은 백제 무용수가 오피리(烏皮履: 악사나 공인들이 신던 끈이 달린 검정 가죽신)를 착용했다는 것에 근거하였다.

옷의 색상은 자색으로 하였는데, 『북사』, 『통전』 등에서 백제 무용수가 자색의 복식을 착용하였다는 기록과 백제의 고위 관리가 자주색 복식을 착용했다는 기록에 근거한 것이다.

특히 색상, 대의 문양, 신발 형태를 통해 백제문화의 특징을 상징적으로 표현하도록 하였다. 이를 근거로 복원할 악사의 복식은 백제금동대향로 속 특징을 반영하고, 연주에 사용할 복식의 특수성을 반영한다는 원칙으로 진행하였다.

4) 악사 복식 제작

복식 제작은 이영희 디자이너가 고증용과 연주용으로 나누어 제작하였다. 형태는 백제 일반 관리 복식과 유사하고, 포의 색은 무용수 복식 혹은 최고위 관리 복식의 색인 자주색으로 했다. 속옷은 포와의 조화를 고려하여 남색과 황금색으로 했다. 신발은 백제 무용수의 신발과 같이 단화[履]로 제작했다. 머리 모양은 백제금동대향로 악사의 머리 모양을 그대로 재현하고 관은 생략했다.

연주복식은 고증에 바탕을 두고 연주에 지장이 없도록 기능성과 편리성에 중점을 두어 디자인하였고 남녀 구분 없이 유, 고, 포, 대, 단화로 하였다. 고증용은 포와 유 사이에 풍성하고 격식이 있도록 중단을 추가하였다.

3차에 걸친 일러스트 과정과 시제작품 제작 등을 통해 미적 측면과 더불어 연주의 편리성까지 갖춘 의상을 제작하게 되었다. 그 과정을 살펴보면 다음과 같다.

(1) 복식 제작

〈그림 4.57〉 1차 일러스트
및 원단 샘플

〈그림 4.58〉 2차 복식별
일러스트

| ① 고, 유 | ② 중단(고증용에만 사용) | ③ 포(앞) | ④ 포(뒤) |

〈그림 4.59〉 3차 일러스트

　고증용 복식에서는 포와 유 사이에 중단을 덧입게 하여 풍성하고 격식이 있도
록 하였다.

　3차에 걸쳐 이루어질 일러스트 작업을 기본으로 국립국악원과 이영희 디자이
너의 오악사 복식 디자인 회의 및 시작품 제작을 통해 형태, 길이, 주름, 색상 등
의 의견을 조율하였다.

　1차 시작품은 일반 원단으로 제작하여 원단의 질감은 배제하고 디자인과 연주
의 편리성 문제를 검토하였다. 그 결과 원단은 밝은 자주색의 비단을 사용하고,
무는 맞주름 형태로 옷의 색상과 동일하게 하기로 하였다. 속옷은 좁은 형태로
하고, 포의 길이는 시작품보다 짧게 하기로 하였다. 허리에 두르는 대에는 자수
로 장식하고 전시용은 중단을 포함하되, 연주용은 제외하기로 하였다.

① 고, 유 착용(앞)	② 고, 유 착용(뒤)	③ 포 착용(앞)
④ 무 부분 맞주름 형태	⑤ 무 부분 외주름 형태	⑥ 포 착용(뒤)

〈그림 4.60〉 1차 시작품

　2차 시작품 제작에서는 실제와 유사한 원단을 사용하여 제작하였으며, 고의 주름을 더 많이 넣어 풍성하게 제작하기로 하였고, 포의 고 부분에는 띠를 두르지 않고 맞주름의 형태로 제작하기로 하였다.

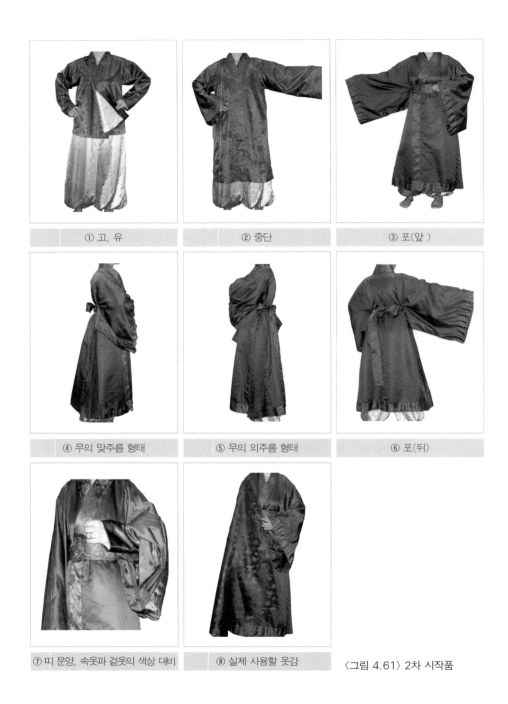

① 고, 유   ② 중단   ③ 포(앞)

④ 무의 맞주름 형태   ⑤ 무의 외주름 형태   ⑥ 포(뒤)

⑦ 띠 문양, 속옷과 겉옷의 색상 대비   ⑧ 실제 사용할 옷감   〈그림 4.61〉 2차 시작품

복식 제작과정에서 백제를 상징하기 위한 문양을 넣기로 하였는데, 가슴에 두르는 대에 고구려벽화 강서대묘의 사신도에서 문양을 참고하여 디자인한 문양을 자수로 넣었다.

〈그림 4.62〉 강서대묘의 사신도

| ① 실제 사용 원단 | ② 앞 | ③ 뒤 |

〈그림 4.63〉 완성품

(2) 두발 및 신발 제작

백제금동대향로 속 오악사의 두발은 모두 민머리 편계형이므로 그것과 유사하게 하였다. 신발은 『통전』에 무용수가 가죽신을 신었다고 한 기록을 참고하여 단화로 의상 색과 조화로운 검정색으로 제작하였다.

〈그림 4.64〉 백제금동대향로 오악사 얼굴

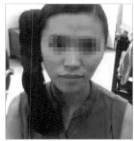

〈그림 4.65〉 편계형 두발 시작품   〈그림 4.66〉 신발〔履〕 시작품

이렇게 완성된 고증용과 연주용 복식과 두발 및 신발은 〈그림 4.67〉, 〈그림 4.68〉과 같다.

① 포

② 단

③ 유

④ 고

⑤ 속옷

⑥ 대   ⑦ 리   ⑧ 계

〈그림 4.67〉 고증용 복식 완성 사진

① 포

② 유

③ 고

④ 대   ⑤ 리   ⑥ 계

〈그림 4.68〉 연주용 복식 완성 사진

5) 제작 성과

백제금동대향로 오악사의 복식 및 두발 재현은 유물자료를 근거로 하여 현대
적인 해석을 덧붙여 고증용과 연주용을 구분, 제작하고 무대화하였다. 게다가 두
발 모양도 향로 속의 모습을 그대로 재현하여 백제금동대향로의 연주복식 일습
을 재현했다는 데 의의가 있다.

이 과정을 통해 향후 백제시대 연주복식의 디자인 및 색상 등에 변화, 발전이
있을 것이다.

6) 결과물

〈표 4.24〉 백제금동대향로 오악사의 복식 및 두발 재현의 결과물

구 분	종 류	수 량	보관 장소
복원용	포, 단, 유, 고, 속옷, 대, 리, 계	각 3개	- 국립국악원 박물관 - 백제문화단지 내 - 부여군
연주용	포, 단, 유, 고, 대, 리, 계	각 28개	- 국립국악원 - 부여군 - 충남문화산업진흥원 - 충남부여국악단

5

백제 음원 재현과
콘텐츠 개발 및 활용

악기 및 복식 전시 보고

　백제금동대향로 오악기 및 오악사 복식 재현 결과물을 일반인에게 공개하는 행사를 가졌다. 오악기 및 오악사 복식(전시용, 연주용)을 전시하고, 백제금동대향로 오악기의 명명(命名)식을 진행하였다. 이와 관련하여 이숙희 국립국악원 학예연구관은 "백제 오악기 복원은 백제금동대향로에 새겨진 악기와 근접한 형태일 것과 연주 가능한 악기일 것이라는 두 가지 원칙을 토대로 복원"되었고, "악기의 성격이 분명한 완함과 소는 알려진 이름 그대로 명명했으며, 악기의 성격이 분명치 않은 백제금(百濟琴), 백제고(百濟鼓), 백제적(百濟笛)은 악기 이름 앞에 '백제'를 붙여 재해석의 여지를 남겼다."고 설명하였다.

〈그림 5.1〉 전시보고 이미지

음반 제작

　백제 음원 재현 및 콘텐츠 개발을 통해 창작된 백제 악곡은 시연, 편곡과정을 거쳐 최종 완성되었다. 이후 백제의 음악을 담은 음반 '대백제의 숨결'을 제작하였는데, 음악 관련 전문가를 선정하여 백제 주제가 제작을 의뢰하였다. 이에 따라 음반에는 백제와 관련된 주제가 한 곡, 백제 악곡 여덟 곡이 삽입되었다. 백제 악곡은 실내악 네 편, 관현악 네 편으로 구성되었다.

　'대백제의 숨결' 제작과정을 간략하게 되짚어보면 다음과 같다.

　첫 번째, 국립국악원에서 개발한 백제 창작악곡(8곡) 녹음은 '국립국악원 창작

〈그림 5.2〉 실황녹음 이미지

악단' 50여 명의 연주자들이 참여하여 국립국악원 우면당에서 실황 녹음하였다. 이때 국악기의 특성을 최대한 살리기 위해 최첨단기술이 도입된 장비와 아티스트들이 대거 참여하였다. 2010년 세계대백제전 D-100 기념공연 리허설을 실황 녹음한 것인데, 녹음된 음원은 악기별 녹음 샘플링 작업(WAV)과 MP3 변환 디지털 작업으로 데이터화하였다.

두 번째, 국내 유일의 국악사업부와 국악그룹을 보유한 (주)로엔엔터테인먼트와 협업을 통해 2010년 세계대백제전 주제가 제작을 진행하였으며, '대백제의 숨결' 주제곡 제작에는 최고의 프로듀서인 이지수 음악감독의 총괄지휘로 한중호 작곡가, 이승민 작사가 및 국악계의 소녀시대라고 불리는 '미지'(MIJI)가 참여하여 멋진 주제곡을 탄생시켰다.

〈그림 5.3〉 실황녹음 이미지

| 표지(앞) | 표지(뒤) | 내지 |

〈그림 5.4〉 '대백제의 숨결' 음반

    이렇게 녹음된 백제 주제가 '대백제의 숨결'과 백제 악곡 여덟 곡 등 총 아홉 곡을 수록한 '대백제의 숨결' 음반을 출시하였으며, 2010년 세계대백제전을 대내외에 널리 알리기 위해 사용하였다.

　　이렇게 개발된 음원 및 음반은 공연과 전시에서 활용되었다. 우선 국립국악원 창작악단의 특별기획공연으로 2010년 세계대백제전 D-100 기념공연에서 재현한 음원을 연주하였다.

　　다음으로 2010년 세계대백제전의 개·폐막식에서 백제 오악사 '대백제의 숨결' 공연이 활용되었다. 이때 복식 및 두발, 장신구 등도 함께 활용되었다.

완함 연주

오악사 연주(앞)

오악사 연주(측면)

〈그림 5.5〉 2010년 세계
대백제전 D-100 공연

| 연주 공연 | 국악 로봇 에버와의 협연 |

〈그림 5.6〉 2010년 세계대백제전 개·폐막식 공연

〈그림 5.7〉 일본 왓소 마츠리

    또한 백제문화 관련 '해외 초청 공연'인 일본 왓소 마츠리에서도 백제 오악사 복식과 두발이 활용되었다.

    이후 부여군(백제역사박물관과 부여박물관)과 국립국악원에서는 오악사 복식 결과물을 전시하고 있다. 이 외에도 백제금동대향로 오악기를 활용한 문화상품을 개발하여 미니어처로 제작하였다.

〈그림 5.8〉 오악기 미니어처

　앞으로는 충남국악단에서 백제 오악사 관련 상설 공연에 활용하고, 충남문화
산업진흥원 내 전시 부스를 설치하여 복식 전시에 활용하려 한다.

　그 밖에도 2011년 충남문화산업진흥원 사업으로 연계하여 백제 오악사 음원
및 복식 융·복합콘텐츠 개발사업을 추진하기로 하였다. 이처럼 백제 음원 및 콘
텐츠 개발사업은 앞으로 다양한 산업화를 통해 그 영역을 확대해나갈 예정이다.

6

백제 음원 재현 및
콘텐츠 개발사업의 의의

충청남도는 2009년 백제의 찬란한 문화유산인 금동대향로를 토대로 한 백제 문화원형사업 추진을 통하여 백제의 소리 발굴과 관련 콘텐츠 개발, 더 나아가 이를 활용한 문화콘텐츠 개발사업과의 연계를 목표로 한 '백제 음원 및 콘텐츠 개발사업'을 추진하였다.

기존의 문화원형 콘텐츠사업은 고려나 조선시대와 관련된 사업에 편향되어 있었는데, 이 사업을 통해 백제의 문화와 음악에 대한 고증과 복원으로 백제의 문화원형을 발굴하여 문화콘텐츠로 개발하여 산업화하는 데 이르렀다. 이 사업을 통해 얻은 구체적인 성과를 살펴보면 다음과 같다.

첫째, 그동안 밝혀지지 않았던 백제금동대향로의 철학적 의미, 미술사 및 문화적 가치를 재발견하는 계기가 되었다. 백제금동대향로는 백제인들의 사고와 생활문화가 녹아 있는 예술품으로, 현실 속의 동물과 상상 속 동물 같은 갖가지 동물과 신화 속 세계, 자연과 인간의 모습 등이 공존하는데, 그것을 균형 있고 정밀하게 조각하였다. 이를 통해 백제문화에 대한 이해를 증진시키고 나아가 우리 문화의 독창성과 우수성을 확인할 수 있다.

둘째, 백제금동대향로의 3D 스캔을 통해 정확하고 정밀한 데이터를 확인하게 되었다. 원형 디지털 자료를 확보함으로써 향로 속에 나타난 백제의 전통악기를 파악할 수 있었다. 이것은 앞으로 백제문화 콘텐츠의 창작기반으로 제공될 것이다. 또한 오악사 같은 캐릭터 등 다양한 문화상품의 제작에도 활동될 것이다.

셋째, 3D 디지털 복원을 통해 실제 악기의 제작의 원천을 확보하였고, 앞으로 문화콘텐츠산업의 창작 소재로 활용이 가능해졌다. 향후 백제 사이버박물관의 전시물이나 영상산업의 소품으로 활용하는 등 다양한 분야에서 활용하게 된다면 산업화할 수 있는 가능성이 크다고 할 수 있다. 이 사업을 통해 문화원형 콘텐츠 개발사업의 성공 모델로 재탄생될 수 있다.

넷째, 학술적 연구와 고증, 유물, 관련 자료를 통해 백제 음악의 원형 자료를 확보하여 악기를 복원, 제작하여 백제 음원을 추출하고 백제 음악을 개발하게 되었다. 이에 따라 백제의 소리가 문화자원으로서 새롭게 재조명되었으며, 백제 음원을 활용한 콘텐츠 개발 가능성이 높아졌다. 앞으로는 고대 및 삼국시대의 음악 연구와 이를 활용한 콘텐츠 개발도 가능해질 것이다.

다섯째, 백제 악기의 복원·제작과 관련하여, 백제 악기와 악사의 복식 및 두발 제작은 공연과 전시에 활용되었다. 이에 따라 향후 지속적인 연구를 통해 백제시대 연주복식의 디자인 및 색상 등의 발전으로 부활하는 백제시대의 음악문화를 더욱 빛나게 할 것이다.

충청남도는 '교류왕국 700년 대백제의 화려한 부활과 그 빛나는 발자취'라는 슬로건을 내세워 잃어버린 백제의 역사를 재조명하고 문화를 재발견해 현대적 문화콘텐츠로 재탄생시키는 노력을 기울여왔다. 이러한 노력의 일환으로 2008년 10월에 백제문화 세계화의 비전과 목표, 분야별 추진과제, 추진기반 구축을 위한 세부지침을 발표하였다. 이에 따라 1955년부터 개최된 백제문화제의 2007년 공주·부여 동시 개최 선언, 백제문화제의 지속적인 발전과 성공적인 개최를 위한 백제문화제추진위원회 설립, 일본 왓소 마츠리와의 교류협력 체결, 충남문화산업진흥원을 통한 적극적인 백제문화 콘텐츠사업을 발굴·육성 등 백제문화산업의 규모 확산과 질적 성장을 도모하여 체계적이고 안정적인 성과를 창출해나가고 있다. 그리하여 2011년에는 지속적인 연계사업을 전개해 대중성을 확보하고 행사·공연 등에 활용이 가능한 백제 음원콘텐츠 제작사업을 진행하였다. 사업 결과물로 '백제의 꿈' 미니앨범을 제작하고 '제57회 백제문화제' 등에 활용하였다. 또한 대중성 및 백제문화산업의 확대·활성화를 위해 '멜론', '소리바다', '네이버', '다음', '네이트'(싸이월드) 같은 음악 전문 사이트에서 백제 음원콘텐츠가 유통·서비스되고 있다.

그러나 체계적인 관리와 지속적인 투자를 통한 백제문화산업의 확대와 활성화를 위한 문화콘텐츠는 아직 부족한 실정이다. 또한 백제의 문화콘텐츠산업이 자생력을 갖기 위해서는 콘텐츠 개발의 기획·창작·제작과 함께 유통·소비까지 예측할 수 있는 완결구조를 갖추어야 한다. 그에 따라 백제문화 콘텐츠의 산업화와 이를 통한 실용적 수익모델이 창출되어 실질적인 지역경제의 활성화가 가능해질 것이다.

이제 문화산업은 급변하는 산업환경과 기술의 변화에 부응해야 하며, 이를 위해서는 환경변화에 대처하는 유연한 사고와 산업의 경쟁력을 갖출 수 있는 기반이 지속적으로 뒷받침되어야 한다. 그와 함께 사회 전반의 트렌드를 반영하고, 인간의 감성을 체험할 수 있는 형태로 개발해야 할 것이다.

백제 음원 및 콘텐츠 개발은 백제의 역사와 전통문화를 바탕으로 미래의 문화산업에 풍부한 창작 소재를 제공할 것으로 기대된다. 따라서 보다 차별화된 콘텐츠를 개발한다면 타 지역에 비해 낙후된 충남의 문화산업도 경쟁력을 높일 것으로 보인다. 백제 음원 재현 및 콘텐츠 개발사업이 지속적인 효과를 얻기 위해서는 지속적인 노력과 시간, 적절한 투자와 체계적인 관리가 계속되어야 할 것이다.

제1부 참고문헌 _____

『논형』, 『장자』, 『주역』, 『예기』, 『산해경』, 『일본서기』, 『사기』, 『舊唐書』, 『北史』, 『周書』

關晃. "'建邦의 神'에 대하여"(洪淳昶譯). 『韓日關係研究所紀要』제8호. 대구: 한일관계연구소, 1978.

龜井高孝·三上次男·堀米庸三(編). 『世界史地圖』. 吉川弘文館, 1992.

국립경주박물관. 『신라토우』. 1997.

국립공주박물관. 『公州博物館圖錄』. 1991.

국립국악원. 『국악기 연구보고서』. 서울: 국립국악원, 2010.

國立劇場. 『古代樂器의 復元』. 東京: 音樂之友社, 1994.

국립민속박물관. 『오백년의 침묵, 그리고 환생』. 2000.

국립부여박물관. 『백제금동대향로 발굴 10주년 기념 특별전 백제금동대향로』(도록). 충청남도 부여: 부여
　　　박물관, 2003.

국립부여박물관(편저). 『중국낙양문물명품전』. 1998.

국립중앙박물관. 『百濟』. 특별전 도록. 1999.

국사편찬위원회. 『삼국의 정치와 사회문화』. 탐구당, 2003.

郡司すみ. "樂器의 Typology". 『音樂研究所年譜』제7집. 東京: 國立音樂大學, 1987.

宮崎まゆみ. 『埴輪의 樂器』. 東京: 三交社, 1993.

권오돈(역). 『禮記』. 홍신문화사, 1976.

권오영. "백제금동대향로에 내재된 사상적 배경", 국립국악원 주최 세미나자료집 『백제금동대향로 악기의
　　　성격』. 서울: 국립국악원, 2009.

_____. 『고대 동아시아 교류의 빛 무령왕릉』. 경기도 파주: 돌베게, 2005.

길기태. 『백제 사비시대의 불교신앙 연구』. 서울: 서경문화사, 2006.

吉村怜. "百濟武寧王妃木枕에 描かれた仏教図像". 『天人誕生図研究』. 東京: 東方書店, 1999.

김길식. "백제 시조 구태묘와 능산리사지". 『한국고고학보』제69호. 서울: 한국고고학회, 2008.

김동욱. 『百濟의 服飾』. 백제문화개발연구원, 1985.

김미자. "백제문화권 복식의 특징". 『백제문화권 전통축제의 의미와 전망』(전통민속문화보존회). 학술심포
　　　지엄발표요지, 1998.

김부식. 최호(譯解). 『三國史記』. 홍신문화사, 2004.

김상현. "만파식적설화의 형성과 의의". 『한국사연구』제34호. 서울: 한국사연구회, 1981.

김수태. "백제 위덕왕 대 부여능산리 사원의 창건". 『백제문화』제27호. 충청남도 공주: 공주대백제문화연
　　　구소, 1998.

김영순 외. 『문화산업과 문화콘텐츠』. 북코리아, 2010.

김영심. "백제의 도교 성립문제에 대한 일고찰". 『백제연구』제53호. 대전: 충남대학교 백제연구소, 2011.

김영태. 『백제불교사상사』. 서울: 동국대학교출판부, 1985.

김자림. "박산 향로를 통해서 본 백제금동대향로의 양식적 위치 고찰". 『미술사학연구』제249호. 서울: 한
　　　국미술사학회, 2006.

김택규. 『朝·日 文化比較論: 닮은 뿌리 다른 문화』. 문덕사, 1993.

나희라. 『고대 한국인의 생사관』. 지식산업사, 2008.

노종국. "泗沘도읍기 백제의 山川祭儀와 百濟金銅大香爐". 『계명사학』제14집. 대구: 계명사학회, 2003.

_____. 『백제사회사상사』. 경기도 파주: 지식산업사, 2010.

라선정 · 김병미. "百濟金銅大香爐에서 본 奏樂像 服飾".『한국의상디자인학회 학술대회 자료집』. 서울: 한국의상디자인학회, 2009.

뤽 브느와, 윤정선(역).『징표 · 상징 · 신화』. 탐구당, 1984.

林 巴奈夫.『漢代の文物』. 京都大學校人文科學研究所. 昭和51.

문화관광부.『2004 문화산업백서』. 2004. 12.

민족음악연구소. "예기 악기의 樂本편: 음악학적 해석".『음악과 민족』제2호. 서울: 민족음악연구소, 1991.

山田光洋.『樂器の 考古學』. 東京: 同成社, 1998

서미영. "百濟 服飾의 硏究". 충남대학교 박사학위논문, 2003.

서미영 · 박춘순. "백제금동대향로 주악상 복식 연구".『한국의류산업학회지』제6권 제1호. 2004.

_____. "백제금동대향로 주악상 복식 연구".『한국의류산업학회지』제6호. 서울: 한국의류산업학회, 2004.

서영대. "백제의 오제신앙과 그 의미".『한국고대사연구』제20호. 서울: 한국고대사학회, 2000.

서정록.『백제금동대향로: 고대 동북아의 정신세계를 찾아서』. 서울: 학고재, 2001.

石田一良. "所建邦の 神: 上古日本人의 世界觀과 政治理念"(洪淳昶譯).『韓日關係硏究所紀要』제8호. 대구: 한일관계연구소, 1978.

송방송. "金銅龍鳳蓬萊山香爐의 百濟樂器攷".『韓國學報』제21호. 서울: 일지사, 1995.

_____. "백제 악기의 음악사학적 조명".『韓國音樂史學報』제14호. 서울: 한국음악사학회, 1995.

송혜진. "국악기 연구의 주제와 방법론: 국악기 연구현황과 전망을 중심으로".『한국음악사학보』제32권. 서울: 한국음악사학회, 2004.

_____. "동아시아 금쟁류 악기 현 고정방식 유형과 '부들'에 관한 연구".『한국음악연구』제47집. 서울: 한국국악학회, 2010.

신광섭. "능산리사지 발굴조사와 가람의 특징".『백제금동대향로와 고대동아세아』. 충청남도 부여: 국립부여박물관, 2003.

신옥분 · 장익선. "오종(五種)악기와 향로의 상징에 대한 고찰: 백제금동대향로를 중심으로".『한국음악사학보』제41집. 서울: 한국음악사학회, 2007.

신형식.『백제의 대외관계』. 주류성, 2005

안소영. "백제 복식에 관한 연구", 성균관대학교 석사학위논문, 1997.

역사스페셜.『고대사의 흥미진진한 블랙박스들』. 효형출판, 2000.

遠藤撤. "신라금과 일본 고대의 현악기".『악성 우륵의 생애와 대가야의 문화』. 대구: 계명대학교 한국학연구원, 2006.

_____. "新羅琴と日本古代の弦樂器".『악성 우륵의 생애와 대가야의 문화』. 대구: 계명대학교 한국학연구원, 2006.

윤무병. "백제 미술에 나타난 도교적 요소".『백제금동대향로 발굴 10주년 기념 연구논문 자료집 백제대향로』. 충청남도 부여: 국립부여박물관, 2003(원 게재는『백제의 종교와 사상』(충청남도, 1994)).

이경순. "운강석굴에 나타난 연화화생 표현 연구".『강좌미술사』제15호. 서울: 한국미술사연구소, 2000.

이기백.『韓國史新論』. 一潮閣, 1985.

이내옥. "백제금동대향로의 비밀".『한국사시민강좌』제44호. 서울: 일조각, 2009.

이능화. 李在崑(역).『朝鮮神事誌』. 東文選, 2007.

이병호. "부여능산리사지 가람배치의 변천과정".『한국사연구』제143호. 서울: 한국사연구회, 2008.

이정효 · 최덕경. "중국 고대 龍鳳意匠의 변천과정과 백제금동대향로".『대구사학』제84호. 대구: 대구사학회, 2006.

이종구. "백제금동대향로 주악 조소상 악기 명칭에 대한 연구".『음악논단』제21집. 서울: 한양대 음악연구소, 2007.

이지선. "일본의 고악기 및 음원 복원에 관한 고찰: 일본국립극장의 복원사업을 중심으로".『동양음악』제30집. 서울: 서울대학교 동양음악연구소, 2008.

이진원.『한국 고대음악사의 재조명』. 민속원, 2007.

日野西資孝(編).『日本の美術』No.26. 至文堂.

장인성. "백제금동대향로의 도교문화적 배경".『백제금동대향로와 고대동아세아』. 충청남도 부여: 국립부여박물관, 2003.

_____.『백제의 종교와 사회』. 서울: 서경, 2001.

전인평. "금동향로의 다섯 국악기, 천년의 정체를 밝힌다".『객석』6월호. 서울: (주)예음, 1994.

전호태.『고구려 고분벽화 연구』. 서울: 사계절, 2000.

정수일.『고대문명 교류사』. 사계절, 2006.

정재서 역주.『산해경』. 서울: 민음사, 1996(신장판).

조경철. "백제불교의 수용과 전개", 연세대학교 석사학위논문, 1996.

_____. "백제불교의 중국 영향에 대한 비판적 검토".『한국사상사학』제36호. 서울: 국사상사학회, 2010.

_____. "백제왕실의 삼년상: 무령왕과 성왕을 중심으로".『동방학지』제145호. 서울: 연세대학교 국학연구원, 2009.

_____.『백제불교사의 전개와 정치변동』. 한국학중앙연구원역사전공박사논문. 경기도 성남: 한국학중앙연구원, 2006.

조남권·김종수(역).『樂記』. 민속원, 2000.

조선일보사.『集安 고구려 고분벽화』. 1993.

조용중. "백제금동대향로에 대한 연구".『백제금동대향로 발굴 10주년 기념 연구논문 자료집 백제대향로』. 충청남도 부여: 국립부여박물관, 2003(원 게재지는『미술자료』65. 서울: 국립중앙박물관, 2000).

朝日新聞社.『世界の美術』. 週刊朝日百科101. 昭和55.

주르네비에브 두르농, 박미경(역). "악기학(Organology)".『음악과 문화』제2호. 대구: 세계음악학회, 2000.

中國藝術硏究院 音樂硏究所.『中國音樂史』. 北京: 人民音樂出版社, 1988.

中華五千年文物集刊.『古俑編』. 中華民國77年.

_____.『服飾編』. 中華民國77年.

최병헌. "백제금동대향로".『백제금동대향로발굴 10주년 기념 연구논문 자료집 백제대향로』. 충청남도 부여: 국립부여박물관, 2003(원 게재는『한국사시민강좌』10. 서울: 일조각, 1998).

최은아. "백제 복식 연구", 전남대학교 대학원 석사학위논문. 2001.

최진묵. "중국 고대 樂律의 운용과 禮制".『동양사학연구』제89호. 서울: 동양사학회, 2004.

項陽. "中國弓弦樂器的歷史軌跡之分析",『第9會東洋音樂學國際學術會議 – 古代韓半島文化交流史 – 樂器를 中心으로』. 서울: 국립국악원, 2005.

홍대한. "멈추지 않는 노래 비천(飛天)".『월간 불광』5월호. 2003.

홍승현. "『사기』「악서」와『한서』「예악지」를 통해 본 漢代 制樂의 실상".『동방학지』제140호. 서울: 연세대학교 국학연구원, 2007.

제2부

백제금동대향로 관련 연구논문

백제금동대향로의 화생전변적 상징구조와 제작목적

조경철 (한국학중앙연구원 동아시아역사연구소 연구원)

백제금동대향로(그림 1.1)는 1993년 부여능산리사지[이하 능새에서 발견되었다. 높이 61.8cm, 몸통 최대지름 19cm, 무게 11.85kg으로 받침의 용, 몸체의 연꽃, 뚜껑의 산, 꼭지의 봉황 등 네 부분으로 이루어졌다. 몸체의 연꽃에는 27마리의 짐승과 두 명의 사람이 새겨져 있으며, 뚜껑에는 42마리의 짐승과 74곳의 봉우리, 오악사를 비롯한 17명의 인물, 여섯 종류의 식물이 새겨져 있다.[1] 전체적으로 힘과 역동성이 느껴진다. 향로에 다가가면 갈수록 새롭게 전개되는 세상은 경이로움을 자아낸다.

향로 뚜껑의 산은 중국 한(漢)나라 이후의 박산(博山)향로의 모습과 비슷하여 도

---

1   국립부여박물관, 『백제금동대향로 발굴 10주년 기념 특별전 백제금동대향로』(도록)(충청남도 부여: 부여박물관, 2003), 11쪽, 14쪽, 60쪽 참조.

〈그림 1.1〉 백제금동대향로

자료: 국립부여박물관 소장.

교의 신선사상과 연결되었다.[2] 한편 뚜껑의 연꽃을 중심으로 펼쳐진 세계를 연화장세계로 보거나 용 – 연꽃 – 산 – 봉황으로 이어지는 구도를 불교의 연화생의 입장에서 보기도 하였다.[3] 향로가 불교와 도교의 입장에서 주로 다뤄지는 흐름 속에서 새롭게 3산(山) 5악(岳)과 오악사(五樂師)에 주목하여 유교의 제사와 예악을 강조하기도 하였다.[4] 현재 향로의 사상적 배경에 대해서는 도교 – 불교 – 유교 순으로 보고 있는 것 같다. 상대적으로 향로의 유교사상에 대한 평가가 미흡하다고 생각한다.

본 논문에서는 오악(五樂)이 산과 봉황 사이에 위치한 점에 주목하여 유교의 예악사상을 보다 강조해보았다. 오악은 중국 향로에 보이지 않는 요소로 백제금동대향로의 특징 중의 특징이라고 생각되었기 때문이다. 한편 향로의 구성원리에 대해서는 연화생의 원리에 입각하여 파악한 바가 있지만, 용에 의한 연꽃의 출현과 오악에 의한 봉황의 도래를 화생의 원리로 설명하기엔 부족한 점이 있어 화생

---

2 윤무병, "백제 미술에 나타난 도교적 요소", 『백제금동대향로 발굴 10주년 기념 연구논문 자료집 백제대향로』(충청남도 부여: 국립부여박물관, 2003(원 게재는『백제의 종교와 사상』(충청남도, 1994); 장인성, "백제금동대향로의 도교문화적 배경", 『백제금동대향로와 고대동아세아』(충청남도 부여: 국립부여박물관, 2003).

3 최병헌, "백제금동대향로", 『백제금동대향로 발굴 10주년 기념 연구논문 자료집 백제대향로』(충청남도 부여: 국립부여박물관, 2003(원 게재는『한국사시민강좌』10(서울: 일조각, 1998).
조용중, "백제금동대향로에 대한 연구", 『백제금동대향로 발굴 10주년 기념 연구논문 자료집 백제대향로』(충청남도 부여: 국립부여박물관, 2003(원 게재지는『미술자료』제65호(서울: 국립중앙박물관, 2000).

4 노중국, "사비 도읍기 백제의 산천제의와 백제금동대향로", 『계명사학』제14호(대구: 계명대학교, 2003).

(化生)에 전변(轉變)이란 의미를 덧붙여 풀어보았다.

향로의 제작연대에 대해서는 중국과의 교류와 미술사적 관점에서 6세기 3/4분기에서 7세기 초반에 제작된 것으로 보고 있다. 필자는 향로가 제사나 의례에 사용됐던 점에 착안하여 성왕의 삼년상 기간과 결부시켜보았다. 그리고 향로에 나타난 유불도 삼교의 조화를 성왕 대 후반에서 성왕의 전사에 이르는 사상계와 정치계의 변동에 연관시켜보았다.

향로 제작 이전 백제의 사상계

1) 불교

백제는 침류왕 원년(384) 동진의 마라난타로부터 불교를 받아들였다. 한산에 절을 짓고 10명의 승려를 도승(度僧)하여 3사(師) 7증(證)의 상가제도를 확립하고 아신왕 원년(392) 불법을 믿어 복을 구하라는 교서를 내릴 만큼 불교 홍포에 적극적이었다. 5세기 개로왕 때 도림을 통하여 북위의 왕즉불 사상을 받아들이기도 했다. 하지만 본격적인 불교 교학의 출발은 6세기 성왕 대를 기다려야 했다.[5]

성왕의 부왕인 무령왕은 말년에 겸익을 인도에 보내 아비달마 논서와 율장을 구해오게 하였다. 성왕 4년(526) 겸익은 귀국하여 가져온 아비달마와 율장을 번역

---

5   조경철, "백제불교사의 전개와 정치변동", 한국학중앙연구원 역사전공박사논문(경기도 성남: 한국학중앙연구원, 2006). 그리고 백제불교와 백제사상 일반에 대해선 다음 글을 참조. 김영태, 『백제불교사상사』(서울: 동국대학교출판부, 1985); 길기태, 『백제 사비시대의 불교신앙 연구』(서울: 서경문화사, 2006); 노중국, 『백제사회사상사』(경기도 파주: 지식산업사, 2010); 조경철, "백제불교의 중국 영향에 대한 비판적 검토", 『한국사상사학』 제36호(서울: 한국사상사학회, 2010).

하여 『백제신율』을 만들었다. 율의 정비를 통한 불교계의 정비는 속세 권력의 정비로 확장되어갔다. 겸익과 그 주변의 인물들은 당시 백제에서 활동한 강례박사 육후와 보조를 맞추어 성왕 대 후반 유불통치체제 확립에 기여하였다. 하지만 성왕 말년 일본에 불교를 전하면서 보낸 국서의 내용으로 유추해보건대, 겸익을 대표하는 불교계와 육후를 대표하는 유교계의 갈등이 있었던 것으로 추정된다. 이 갈등은 성왕의 죽음으로 표면화되어 '위덕왕의 공위(空位)', '건방지신'(建邦之神), '위덕왕의 출가시도' 문제 등을 일으키기도 했다.[6]

무령왕대 국내에서 활약하지 않았지만 중국에서 공부하고 귀국한 발정이 있다. 그는 천감연간(502-519)에 중국으로 건너가 30여 년 동안 공부하고 귀국하였다고 한다. 541년 백제는 양나라에 『열반경』 등의 주석서와 모시박사 등을 청한 바 있는데, 아마 발정도 이즈음 귀국했던 것으로 추정된다. 발정이 주로 공부했던 내용은 법화신앙이었다. 그가 귀국할 때 『법화경』 독송자와 『화엄경』 독송자가 암송 경쟁을 벌였는데 『법화경』 독송자가 이겼다는 고사를 전하고 있는 관세음도실에 들른 데서 알 수 있듯이 그의 『법화경』 독송에 대한 관심은 높았다. 백제의 열렬한 법화신앙의 사례는 이밖에 여러 곳에서 찾을 수 있다. 현광은 중국의 남악혜사로부터 법화안락행문을 전수받았고, 국내파로 중국 고승전에 입전된 현광은 수덕사와 달나산 등 전국을 돌아다니며 법화신앙을 널리 퍼뜨렸다.

백제의 법화신앙은 특히 백제왕실의 성족관념을 확립하는 데 기여하였다. 신라의 경우 진흥왕 아들의 이름인 동륜, 진지왕의 이름인 사륜, 진평왕의 이름인 정반, 왕비의 이름인 마야부인에서 알 수 있듯이 신라 왕실은 그들이 전륜성왕 혹은 석가족과 같다는 신성족 관념을 만들어냈다. 하지만 불교를 통한 왕실의 신성성 고양은 신라보다 백제가 앞섰다.

『삼국유사』 원종흥법염촉멸신조에 의하면 대통사는 신라 법흥왕이 중국 양무제를 위하여 대통원년(527) 웅진에 세워졌다고 한다. 그러나 『삼국유사』 찬자의

---

6   조경철, "백제 성왕 대 유불정치이념", 『한국사상사학』 제15호(서울: 한국사상사학회, 2000).

대통사에 대한 언급에는 이해할 수 없는 점이 한두 가지가 아니다. 한 가지 예를 들면 신라의 법흥왕이 당시 백제의 수도인 웅진에 절을 세울 수는 없는 것이다. 현재 학계에서는 신라 법흥왕을 백제 성왕으로 바꾸어 이해하고 있다. 위 기록의 문제점에 대해서는 이미 자세히 언급한 바가 있으므로 생략하도록 한다.[7]

『법화경』 화성유품에 의하면 석가에 이르는 계보를 다음과 같이 서술하고 있다. 전륜성왕의 아들이 출가하여 대통불이 되었고 대통불의 16명의 아들들도 아버지를 따라 출가하여 팔방의 부처가 되었다. 16명의 아들 가운데 첫째가 지적이고 막내가 석가모니라고 한다. 곧 전륜성왕 – 대통불 – 석가모니에 이르는 계보로 정리된다. 백제에는 불교에 돈독한 성왕이 있고, 웅진에 대통사가 있고, 석가모니로 자처한 법왕이 있고, 사택지적비의 주인공인 지적이 있었다. 이렇게 『법화경』과 백제사에 등장하는 여러 요소를 종합해보면 대통사의 대통은 중국 양무제의 연호가 아니라 대통불의 대통일 가능성이 높다. 따라서 대통사는 백제 성왕이 백제왕실의 계보를 석가모니의 계보와 동일시하여 왕실의 성족관념을 표방하기 위하여 지은 사찰로 생각된다. 그리고 대통사의 창건연대도 대통원년(527)이 아니고 부왕인 무령왕의 삼년상이 끝나고 아들 창(위덕왕)이 태어난 525년 즈음이 가장 유력하다. 범위를 넓힌다면 무령왕의 죽음부터 왕비의 삼년상이 끝나는 523~529년 사이로 추정할 수 있다.

『법화경』의 갖춘 경전 이름은 『묘법연화경』이다. 경 이름의 연화는 연꽃으로, 부처님의 가르침을 마치 진흙에서 피어나는 연꽃에 비유하였다. 물론 연꽃은 법화신앙뿐만 아니라 불교 일반의 상징이지만 대향로의 연꽃을 화엄의 연화장세계까지 확대해석하는 것은 논란의 여지가 있다. 발정이 앞서 화엄보다 법화의 우월성을 강조했을 뿐만 아니라 화엄의 대두시기는 삼국통일을 전후한 시기로 보이기 때문이다. 무령왕릉에 보이는 연꽃 문양, 무령왕비의 베개에 그려진 연화생의

---

7   조경철, "백제 성왕 대 대통사 창건의 사상적 배경", 『국사관논총』 제98호(경기도 과천: 한국국사편찬위원회, 2002).

문양, 대통사지에서 발견된 석조에 새겨진 연꽃 문양을 통해 백제불교미술의 일단을 볼 수 있다. 『법화경』에 대한 이해는 『열반경』의 '일체중생 실유불성'(一切衆生悉有佛性)의 불성론에 대한 관심으로 이어져 541년 양나라에 『열반경』에 대한 주석서를 청하기도 하였다.

2) 유교

백제의 유교에 대한 이해는 4세기 후반 일본에 『논어』와 『천자문』을 전해주었다거나 『서기』란 역사책을 편찬한 데서 알 수 있다. 또한 개로왕이 북위에 보낸 표문과 도미부인의 정조관을 통해서 유교에 대한 이해가 좀 더 깊어졌음을 알 수 있다. 그러나 유교의 구체적 규범인 예제의 적용은 성왕 때를 기다려야 했다.

백제의 성왕이 아버지 무령왕의 장례를 성대히 치렀음은 무령왕릉을 통해서 다 아는 바지만 특히 삼년상의 장례절차가 우리의 주목을 끈다. 왕릉에서 발견된 왕과 왕비의 지석에는 그들의 죽은 날과 묻힌 날이 기록되어 있다. 기간을 계산하면 모두 28개월이다. 중국 삼년상의 경우 후한 정현의 27개월 설과 삼국시대 위나라 왕숙의 25개월 설이 팽팽히 대립하였는데 남북조시기에는 정현의 27개월 설로 굳어졌다. 무령왕릉과 무령왕릉에서 발굴된 유물은 중국 양나라의 영향으로 도배를 했다고 해도 과언이 아닌데 유독 삼년상의 기간만큼은 27개월도 아니고 그렇다고 25개월도 아니어서 학계에 곤혹감을 안겨주었다. 그러나 백제에서 27개월에 1개월을 더한 28개월의 삼년상을 치른 이유는 백제 내부에 있었다. 백제의 장례는 빈장으로 시신을 삼년상의 마지막에 묻어야 했기 때문에 1개월의 여유가 필요했다. 그래서 28개월의 삼년상이 된 것이다. 백제는 중국의 27개월 삼년상에 대한 이해를 기반으로 백제 특정에 맞은 28개월 삼년상을 만들어낸 것이다.[8]

---

8   조경철, "백제왕실의 삼년상: 무령왕과 성왕을 중심으로", 『동방학지』 제145호(서울: 연세대학교 국학연구원, 2009).

523~525년[왕], 526~529년[왕비]에 걸친 삼년상을 통해 백제 유교의 진전 상황을 알 수 있었지만, 본격적인 예제의 확립에는 육후의 영향이 컸다. 성왕은 541년 양나라에 열반경 등의 주석서와 모시박사 및 와공 등의 기술자를 청하였다. 이때 백제로 건너온 인물이 강례박사 육후였다.

육후는 어려서 최령은의 『삼례의종』(三禮義宗)을 배웠고 예에 관한 업무를 맡은 사부낭중(祠部郞中)을 역임한 바도 있다. 이로 볼 때 육후는 『예기』는 물론 『주례』와 『의례』 등 삼례에 밝았음을 알 수 있다. 또한 최령은이 『집주모시』(24권)를 지은 걸로 보아[9] 육후의 『시경』에 대한 이해도 깊었을 것으로 생각된다. 그의 백제에서의 활동연대는 541~552년에 걸치는 10여 년간으로 추정된다. 당시 백제는 성왕 대 후반기로 22부사의 정비[10] 및 천(天)과 5제(帝)에 대한 제사의 정비[11] 등 일련의 통치제도가 완성되어가는 시기였는데 이를 주도한 인물이 육후였다. 그러나 육후는 성왕 말년 불교계와의 갈등 등의 이유로 중국으로 건너가게 된다. 저간의 사정은 앞서 간략히 언급한 바가 있다.[12] 백제금동대향로의 구성요소 중 오악사로 대변되는 음악의 존재는 예에 밝은 육후의 활동을 고려할 때 주목할 요소다. 예와 악은 일체라고 말하듯이 악은 예와 밀접히 관련되어 있기 때문이다.

3) 도교 및 기타

백제의 도교[도가]에 대한 직접적인 기록은 4세기 후반 근구수왕이 태자 시절 고구려와 전쟁을 치르면서 장군 막고해가 태자에게 간한 내용에 보인다. 막고해는 '만족할 줄 알면 욕을 당하지 않고 그칠 줄 알면 위험에 처하지 않는다'(지족불욕 지

---

9   『수서』 권32, 경적지, "集注毛詩二十四卷(梁桂州刺史崔靈恩注 梁有毛詩序一卷 梁隱居先生陶弘景注 亡)."
10   조경철, 앞의 논문, 2000.
11   서영대, "백제의 오제신앙과 그 의미", 『한국고대사연구』 제20호(서울: 한국고대사학회, 2000).
12   조경철, 앞의 논문, 2000.

지불태 知足不辱 知止不殆)라는 말로 태자의 말머리를 돌리게 했다. 그런데 '지족불욕 지족불태'란 말은 노자의 『도덕경』에 나온 말이다.[13]

도교와 직접 연결되지는 않지만 상서(祥瑞)와 관련해서 칠지도를 주목할 필요가 있다. 칠지도는 일곱 개의 가지가 뻗어 있는 특이한 모양으로 신수(神樹), 세계수(世界樹) 등을 상징한다고 하는데 그 구체적인 이름에 대해서는 알려진 바가 없다. 필자는 예전 칠지도의 모양이 잎이 여섯 개인 명협(蓂莢)을 본떠 만들었다고 주장한 바가 있다.[14] 하지만 백제에서 명협이란 풀을 알고 있었는가라는 질문에 직접적인 답변을 하지 못하였다. 그런데 왕충의 『논형』을 다시 검토하면서 이 책에 명협에 대한 자세한 내용이 실려 있음을 알게 되었다. 사실 칠지도의 명문에 보이는 '병오정양'(丙午正陽)이라는 글귀의 유래에 대해서 살피면서[15] 백제가 『논형』을 보았다는 점을 강조하였는데 정작 중요한 명협의 용례를 놓쳤던 것이다.[16] 정양이 남면하는 황제를 황룡에 비유했다면 명협도 이와 같이 왕자(王者)의 남면(南面)을 강조하는 상서로운 풀로 여겨졌음을 알 수 있다.

6세기 전반 무령왕릉[17] 출토품 가운데 지석, 진묘수(석수), 동경, 동탁은잔 등에서 도교적 신선적 요소를 찾을 수 있다. 지석에는 지신(地神)에게 땅을 산다는 내용이 보이고, 무덤을 지키는 진묘수의 등장과, 동경의 사신(四神) 문양과 동경의 명문에 대추를 언급한 것은 모두 도교와 관련이 있다. 동탁은잔에는 용 그림이

---

13 백제의 도교와 관련해서는 다음 글을 참조. 장인성, 『백제의 종교와 사회』(서울: 서경, 2001); 김영심, "백제의 도교 성립문제에 대한 일고찰", 『백제연구』 제53호(대전: 충남대학교 백제연구소, 2011).

14 조경철, "백제 칠지도의 상징과 명협", 『한국사상사학』 제31호(서울: 한국사상사학회, 2008).

15 조경철, "백제 칠지도의 제작연대 재론: 병오정양을 중심으로", 『백제문화』 제42호(충청남도 공주: 공주대학교 백제문화연구소, 2010).

16 『논형』, 卷17, 是應, "儒者又言 古者蓂莢夾階而生 月朔日一莢生 至十五日而十五莢 於十六日 日一莢落 至月晦 莢盡 來月朔 一莢復生 王者南面視莢生落 則知日數多少 不須煩擾案日曆以知之也." 이 밖에 卷5, 異虛와 卷16, 講瑞 등에도 보인다.

17 무령왕릉과 관련해서는 권오영, 『고대 동아시아 교류의 빛 무령왕릉』(경기도 파주: 돌베개, 2005)을 참조.

있고, 무령왕비의 베개 장식이나 산수문전에는 봉황이 보여 용과 봉황에 대한 이해가 있었음을 알 수 있다. 무령왕릉에서 발견된 용봉환두대도를 통해 용과 봉황이 짝을 이룬 사례도 보인다.

1) 화생전변의 의미

진흙에서 피어나는 연꽃은 깨달음과 정토와 생명을 상징한다. 부처님의 대좌가 연화대좌임이 이를 잘 보여주고 있다. 화생은 연화생으로 연꽃에서 새로운 생명이 태어나는 것을 말한다.[18] 구체적인 사례는 연꽃 속에서 사람이 태어나는 모습의 고구려 장천 1호분의 고분벽화[19]와 백제 무령왕릉 무령왕비의 베개의 연화생[20]에 잘 나타나 있다.

대향로의 몸체는 연꽃으로 구성되어 있다. 그 연꽃 위로 산이 펼쳐져 있다. 마치 연꽃 속에서 산이 화생하는 모습이다. 산 위에는 봉황이 있다. 산의 인물상과 동물상은 물론 오악사, 다섯 마리의 새, 봉황이 모두 연꽃에서 생겨나왔다고 볼 수 있다. 산의 의미와 봉황의 의미를 불교적 의미로 보지 않더라도 그것이 생겨나는 근원은 연꽃의 연화생에 있다고 한다.[21] 그러나 화생의 원리는 용의 입에서

---

18 불교에서는 탄생을 사생(四生)으로 분류하는데, 습생(濕生), 난생(卵生), 태생(胎生), 화생(化生)을 말한다. 화생은 원인 없이 생겨나는 것을 말하는데, 보통 연꽃에서의 탄생으로 표현되며 이를 연화생(蓮化生)이라 한다.

19 전호태, 『고구려 고분벽화 연구』(서울: 사계절, 2000).

20 吉村 怜, "百濟武寧王妃木枕に描かれた仏教図像", 『天人誕生図研究』(東京: 東方書店, 1999), 97쪽.

분출하는 연꽃의 탄생과 오악에 의한 봉황의 출현을 설명하기 어렵다.

전변(轉變)은 주로 불교의 유식사상에서, 대상이 실재한다고 생각하지만 실은 식전변(識轉變)에 의해 생겨난 가상(假相)에 불과하다고 할 때 쓰이는 말이다. 『대지도론』에서는 전변을 설명하면서 '큰 것이 작은 것이 될 수 있고 작은 것이 큰 것이 될 수 있으며, 하나가 여럿이 될 수 있고 여럿이 하나가 될 수 있다. 여러 사물이 모두 전변할 수 있다.'고 하였다.[22]

그렇다고 전변이 불교에서만 쓰이는 말은 아니다. 『장자』에 대한 주석 『장자집해』(莊子集解)[23]에 보이는 전변무궁(轉變無窮)[24] 등의 예에서 볼 수 있듯이, 전변은 사물과 사물의 관계가 고정되지 않고 끊임없이 굴러 변화함을 말한다. 전변과 같은 뜻으로 보이는 전역(轉易), 변전(變轉)의 용례도 『주역』의 주석서에 보인다.[25] 따라서 백제금동대향로는 용 – 연꽃 – 산 – 봉황으로 전개되는 연화생과 전변을 아우른 화생전변의 생성원리에 의거해 만들어졌다고 생각한다.

2) 향로의 화생전변과 기승전결

부여능산리절터[능사]에서 발견된 백제금동대향로는 기존의 무령왕릉에 의해 촉발된 백제사의 인식을 180도 바꾸어놓았다. 무령왕릉과 이곳에서 출토된 유물은 양나라의 영향이라는 꼬리표를 붙일 수밖에 없는 한계가 있었지만, 백제금동대향로는 바로 이 꼬리표를 단번에 날려버렸다. 물론 중국의 영향을 부정할 수는

---

21 조용중, 앞의 책, 2003. 한편 최병헌은 불교에서의 연화생은 천(天)의 연화(蓮華)로부터 천인(天人)이 탄생하는 과정을 말함으로, 대향로의 연꽃과 산의 관계를 연화생으로 볼 수 없다고 하였다. 최병헌, 앞의 책, 2003.

22 『大智度論』卷5 序品 대정장 25권 97c-98a쪽, "轉變者 大能作小 小能作大 一能作多 多能作一 種種諸物皆能轉變."

23 청나라 왕선겸(1842-1927)의 장자에 대한 주석서.

24 『장자집해』권6하 외편, 至樂, "成云 陰陽造物 轉變無窮 論其種類 不可勝計."

25 『十三經注周易』卷7, 繫辭上, "生生之謂易(陰陽轉易以成化生)[疏]正義曰生生不絶之辭陰陽變轉 後生次於前生是萬物恒生謂之易也前後之生變化改易生必有死易主勸戒人為善故云生不云死也."

없다. 6세기 후반 혹은 7세기 전반에 만들어졌다고 추정되는 백제금동대향로는 중국 한나라 박산향로의 영향을 받았다.

〈그림 1.2〉 백제금동대향로의 용

그리고 용이 아래로 연꽃을 토하고 다시 위로 올라간 연꽃 위에 불상이 있는 형상은 중국 북제 청주 용흥사 조상에 보이고, 용이 향로의 연꽃을 받치고 있는 형상은 수나라의 노유산박산향로에 보이고, 향로의 산 위에 봉황이 있는 형상은 북위 산동성 임치 출토 정광 6년(525) 명 조망희조상비좌 부분의 화상석과 남조 강소성의 봉박산향로시녀화상전에 보인다.[26]

그러나 대향로의 구성요소 가운데 일부가 중국의 사례에 보인다 하더라도 용 - 연꽃 - 산 - 봉황의 구성원리에 입각하여 만들어진 중국 향로는 아직까지 발견된 바가 없다. 특히 후술하겠지만 용이 하늘을 향해 연꽃을 토해내는 장면과, 산과 봉황 사이에 오악사를 배치한 것은 향로의 역동성 가운데 압권이라 할 수 있다.

대향로는 받침의 용, 몸체의 연꽃, 뚜껑의 산, 꼭지의 봉황 등 네 부분으로 구성되어 있다. 그런데 용이 전체 향로에서 차지하는 비중은 생각보다 크다. 꼭지의 봉황을 제외한다면 용의 크기는 몸체와 뚜껑의 크기를 합한 것과 같다. 용 - 연꽃 - 산 - 봉황의 전개과정은 기승전결(起承轉結)로 이해할 수 있다면 용은 기(起)에 해당된다. 중국의 노유산박산향로의 경우 받침의 용은 연꽃을 들고 있기에 급급하다. 연꽃 위의 산까지 생각한다면 역부족인 느낌을 준다. 그러나 대향로의

---

26   김자림, "박산향로를 통해서 본 백제금동대향로의 양식적 위치 고찰", 『미술사학연구』 제249호 (서울: 한국미술사학회, 2006), 151-153쪽.

〈그림 1.3〉 용의 입에서 뿜어져 나오는 연꽃〔용 전변〕

용은 역동적인 모습으로 머리를 하늘로 향하면서 힘차게 연꽃을 뿜어내고 있다(그림 1.2).

용은 천지만물의 조화를 이끌어내는 신물(神物)로 용의 생동감과 힘은 연꽃뿐만 아니라 연꽃 위의 산과 봉황을 자신의 입 위에 놓고도 기운이 남아 있는 듯하다. 마치 잠룡(潛龍)[27]이 깨어나 세상의 조화를 만들어내려는 기세다. 용의 입에서 연꽃을 뿜어내는 현상을 연화생의 근원적 출발로 설명할 수도 있지만, 용이 갖고 있는 변화와 생동감이 잘 드러나지 않는 아쉬움이 남는다. 변화와 생동감은 일정한 패턴이 아닌 끊임없는 재창조의 전변의 과정을 거쳐나간다. 용에 의한 전변에 의해 연꽃이 생겨났으므로 연꽃의 탄생은 용전변(龍轉變)에 의한 것으로 볼 수 있다(그림 1.3).

연꽃은 3단으로 더 넓게 퍼져 올라갔다. 연꽃은 진흙 속에 피는 꽃으로 새로운 생명과 깨달음을 상징한다. 고분벽화에는 연꽃 속에서 사람이 태어나는 장면이 묘사되어 있다. 연꽃에 의한 창조를 보통 연화생(蓮化生)이라 한다. 용의 입을 보면 그 입에서 무엇이 솟아나올까 긴장감이 감도는데, 이와 마찬가지로 연꽃도 화생의 이미지가 있어서 그 속에서 무엇이 화생할까 하는 궁금증을 자아낸다. 하지만 연꽃은 불상의 대좌 등을 받치는 연화대좌로 많이 사용된 전례가 있기 때문에 예측이 가능하여 용전변만큼 박진감을 주진 못하고 있다. 용의 박진감에 비례하여 상대적으로 조용한 연꽃의 이미지가 강조된 듯하다. 그렇지만 한없이 넓게 퍼

27　『十三經注疏周易』 卷1, 乾卦, "初九潛龍勿用([疏]潛者隱伏之名 龍者變化之物 言天之自然之氣 起於建子之月 陰氣始盛陽氣潛地下 故言初九潛龍也)."

진 연꽃은 삼라만상을 포용할 만큼 넉넉하다. 연화생(蓮化生)에 의해 생겨난 산은 여러 산봉우리와 각 봉우리에 새겨진 생생한 조각에 의해 역동성을 되찾았다. 연화생은 기승전결의 승(承)에 해당한다고 볼 수 있다(그림 1.4).

백제금동대향로의 산은 중국 한대(漢代)에 만들어진 박산향로의 박산에서 모티브를 가져왔다. 박산은 신선이 산다고 여겨지는 산인데, 백제에도 삼

〈그림 1.4〉 대향로의 연꽃과 선산〔연화생〕

산(三山)에 신인(神人)이 날아다닌다거나 궁남지에 방장선산(方丈仙山)을 만들었다는 데서 중국 박산에 대한 정보가 있었음을 알 수 있다. 그렇다고 하여 대향로의 산을 중국의 박산으로 규정할 필요는 없다고 생각한다. 산 위에 봉황이 있는 백제의 산수문전에서 보듯이 그 산이 방장산일 수도 있고 보다 넓은 범주인 선산(仙山)일 수도 있다.

한편 향로의 산을 선산이 아닌 불교의 수미산으로 보기도 한다. 더 나아가 용과 연꽃과 산의 관계를 고려하여 연화장세계의 구현이라 보기도 한다.[28] 산 정상 부근의 다섯 개의 봉우리와 산꼭대기의 세 개의 봉우리와 여러 산봉우리들을 백제의 3산(山) 5악(岳) 제산(諸山)의 제의 구도로 파악하기도 한다.[29] 이렇게 대향로의 산에는 박산, 선산, 수미산, 연화장세계, 3산(山) 5악(岳)의 다양한 의미가 중첩되어 있다.

연꽃에서 솟아난 산은 봉우리마다 인물과 동물이 생생하게 묘사되어 있다. 여러 봉우리는 산 정상으로 올라가면서 다섯 봉우리로 모아진다. 봉우리에는 다섯

---

28 최병헌, 앞의 책, 2003. 하지만 화엄의 연화장세계는 아직 백제에 화엄이 자리를 잡지 못하였으므로 따르기 어렵다.

29 노중국, 앞의 논문, 2003.

<그림 1.5> 백제금동대향로의 5악[악전변]

마리의 새가 올라와 있다. 그 안쪽에 다섯 명의 악사가 악기를 연주하고 있다. 다섯 봉우리는 다시 꼭대기의 3산으로 모아지고 그 위에 봉황이 있다. 산의 역동성과 봉황의 우아한 자태가 잘 나타나 있다. 하지만 산과 봉황의 구도는 백제의 산수문전이나 중국의 향로에 자주 보이는 것으로 새삼스러울 것이 없다.

앞서 대향로의 용, 연꽃, 산, 봉황의 구도가 개별적이지만 중국의 여러 예에서 확인할 수 있다는 언급을 한 바가 있는데 중국 향로의 산과 봉황의 구도는 평면적이며 정적이다. 그러나 백제금동대향로처럼 산과 봉황 사이에 음악을 배치한 역동적인 사례는 중국에서 찾아볼 수가 없다(그림 1.5). 오악의 연주에 의해 마치 산꼭대기가 열리면서 보주가 솟아나고 봉황이 날아오는 듯한 착각을 일으킨다(그림 1.6). 봉황의 탄생에는 음악이란 장치를 두었다. 즉 악전변(樂轉變)에 의해 봉황을 탄생시킨 것이다. 용전변의 역동성과 연화생의 평정(平靜)은 다시 산 위의 악전변에 의해 절정을 맞는다. 용, 연꽃, 산, 봉황의 외적인 역동성을 오악의 내적인 역동성[30]으로 뒷받침하고 있다. 5악은 향로의 용 – 연꽃 – 산 – 봉황으로 이어지는 구도가 한 번의 역동성으로 끝나지 않고 연속적인 흐름의 전변으로 이끌고 있다. 산의 5악은 기승전결의 전(轉)에 해당한다.

악전변에 의해 태평성세를 상징하는 봉황이 출현하게 되는데 봉황에 대해서

---

30 『예기』 권18, 악기편에 의하면 악은 안에서 동하고, 예는 밖에서 동한다[樂也者動於內 禮也者動於外]고 하였다.

『산해경』[31]에는 다음과 같이 언급되어
있다.

〈그림 1.6〉 백제금동대향로의 봉황의 출현

　　다시 동쪽으로 500리를 가면 단혈
산이라는 곳인데 산 위에서는 금과
옥이 많이 난다. 단수가 여기에서 나
와 남쪽 발해로 흘러든다. 이곳의 어
떤 새는 생김새가 닭 같은데 오채(五
采)의 무늬가 있고 이름을 봉황(鳳皇)
이라고 한다. 이 새의 머리의 무늬는
덕(德)을, 날개의 무늬는 의(義)를, 등
의 무늬는 예(禮)를, 가슴의 무늬는 인(仁)을, 배의 무늬는 신(信)을 나타낸다. 이 새
는 먹고 마심이 자연의 절도에 맞으며, 절로 노래하고 절로 춤추는데 이 새가 나
타나면 천하가 평안해진다(『산해경』 남산경).[32]

　　하늘과 땅을 연결하는 새에 대한 신앙이 발전하여 만들어진 상상 속의 새가 봉
황이다. 단혈산에 산다는 봉황은 몸에 오색(五色)의 무늬가 있으며, 각 무늬는 덕
의예인신(德義禮仁信)의 5덕목을 나타낸다고 한다. 절로 노래하고 절로 춤추며, 이
새가 나타나면 천하가 평안해진다고 한다. 『서경』에는 봉황에 대한 다음과 같은
내용이 있다.

31　『산해경』은 하(夏)의 우(禹)임금과 그의 신하 백익(伯益)이 편찬했다고 하는데, 이 책의 편찬시
　　기에 대해서는 기원전 12세기부터 기원후 3~4세기에 이르기까지 편차가 심하다. 이 책에는 중
　　국인이 생각한 세계 여러 지역의 신화적 내용이 실려 있다(정재서 역주, 『산해경』(서울: 민음사,
　　1996(신장판), 해제)). 『산해경』의 상상 속의 동물 묘사의 일부는 화석(化石)을 통해 얻은 정보
　　일 가능성도 있다.
32　『산해경역주』(정재서 역주, 앞의 책), 65쪽; 『산해경』卷1 南山經, "又東五百里 曰丹穴之山 其
　　上多金玉 丹水出焉 而南流注于渤海 有鳥焉 其狀如雞 五采而文 名曰鳳皇 首文曰德 翼文曰義 背
　　文曰禮 膺文曰仁 復文曰信 是鳥也 飲食自然 自歌自舞 見則天下安寧."

순임금이 소소(簫韶)라는 음악을 지어 연주할 때 봉황이 날아왔다(『십삼경주소』 익직모).[33]

순임금이 태평성대에 소소라는 음악을 지어 연주하니 봉황이 날아왔다고 한다. 『산해경』과 『서경』에서 볼 수 있듯이 봉황의 출현은 태평성세를 의미한다. 대향로의 맨 위 봉황도 태평성세를 바라는 백제의 염원을 나타낸 것이다. 산 정상부의 악사가 다섯인 것도 봉황의 오채(五采)와 오덕(五德)에 상응하는 것으로 볼 수 있다. 특히 음악을 연주할 때 봉황이 날아왔다는 고사는 오악사 위에 봉황을 배치한 향로의 구성과 맞아 떨어진다. 다섯 봉우리 위의 새를 비둘기로 보고 이를 백성과 연관시키기도 하지만, 『서경』의 주석에 음악을 연주하자 뭇 새와 짐승들이 춤을 추며 봉황을 기다렸다고 하였듯이, 오악과 마찬가지로 다섯 마리의 새도 봉황을 기다리는 장치로 볼 수 있다.

백제에서 『산해경』과 『서경』을 읽었다는 직접적인 기록은 없다. 하지만 백제의 오경박사의 존재, 남조와의 활발한 교류, 강례박사 육후의 활동 등을 감안하면 이들 책이 백제에 들어왔을 가능성은 높다. 특히 『산해경』의 경우 왕충의 『논형』이란 책에 자주 언급되는데[34], 한성시기 백제는 칠지도를 만들면서 이 책을 참조한 적이 있다.[35] 따라서 백제에서 적어도 『논형』[36]을 통해 『산해경』에 대한 이해가 있었고 이후 사비시기 백제인들도 읽었을 가능성이 높다.[37]

---

33 『十三經注疏尙書』 卷5 益稷謨, "簫韶九成鳳皇來儀(韶舜樂名言簫見細器之備 雄曰鳳雌曰皇靈鳥也 儀有容儀 備 樂九奏而致鳳皇 則餘鳥獸不待九而率舞)."

34 『논형』 卷13 別通, "禹益並治洪水 禹主治水 益主記異物 海外山表 無遠不至 以所聞見 作山海經" 이 외 卷6 龍虛와 卷11 說日 등에도 보인다.

35 『논형』은 유명한 부여[고구려] 신화와 유사한 탁리국의 이야기를 전하는 것으로 유명한데, 『논형』이 백제에서 읽혔을 가능성에 대해서는 조경철, 앞의 논문, 2010을 참조.

36 최근 부여에서 '五石'이란 명문이 새겨진 목간이 발견되었는데 이를 仙藥의 일종인 五石散으로 보고 있는 듯하다(김영심, 앞의 논문, 2011). 그러나 『논형』(『논형』 卷2 率性, "陽遂取火於上, 五月丙午日中之時, 消鍊五石, 鑄以爲器, 磨礪生光, 仰以嚮日, 則火來至, 此眞取火之道也")에 의하면 五石으로 거울을 만든다고 했으므로, 목간의 '오석'이 선약이 아니고 거울 등의 공구를 만드는 원료일 가능성을 열어두어야 한다.

<표 1.1> 백제금동대향로의 화생전변

鳳凰(結)	樂轉變變
山(轉)	蓮化生
蓮(承)	
龍(起)	龍轉變變

지금까지 대향로의 용 – 연꽃 – 산 – 봉황의 기승전결의 전개과정을 화생전변적 관점에서 파악해보았다. 산 위 오악사의 음악에 의한 악전변에 의해 봉황이 출현함으로써 향로는 대단원을 맞이하였다. 이를 정리하면 〈표 1.1〉과 같다.

백제금동대향로의 제작목적과 제작연대

백제금동대향로는 백제능사에서 발견되었다. 능사의 창건연대는 목탑지에서 창왕(위덕왕)과 누이가 부왕인 성왕을 추복하기 위해 만든 창왕명 사리감이 발견됨에 따라 567년으로 추정된다. 능사는 위덕왕이 아버지 성왕의 명복을 빌고 당시 불안한 정치국면을 타개하기 위해 세운 사찰이었다.[38] 발굴 성과에 의하면 능사의 강당지는 사찰 창건 이전에 이미 특수한 목적에 의해 사용되었다고 한다. 시기는 성왕이 전사한 554년 이후로 생각된다. 위덕왕 대 창건된 능사는 660년 백제 멸망과 더불어 역사 속으로 사라졌고 1993년 발굴과정에서 향로가 능사의 공

---

37 향로의 기이한 동물들은 『산해경』과 비교된다고 한다. 국립부여박물관, 『백제금동대향로』(도록), 32쪽(人面獸身), 34쪽(원숭이), 39쪽(뱀을 물고 있는 짐승) 등 참조.

38 조경철, "백제불교의 수용과 전개", 연세대학교사학과석사학위논문(서울: 연세대학교, 1996). 김수태, "백제 위덕왕 대 부여능산리사원의 창건", 『백제문화』 제27호(충청남도 공주: 공주대백제문화연구소, 1998).

방지에서 발견되었다. 능사의 존속시기는 567~660년으로 추정되지만, 567년 이전 언제부턴가 공사는 시작된 것으로 보인다.

　　대향로의 제작연대도 능사의 존속시기와 궤를 같이하지만 그 시기에 대해서는 주로 7세기 전반기로 보고 있는 것 같다. 그 논거는 대향로의 미술사적 접근방식으로 초당(初唐)시기의 중국 향로에 용의 받침과 꼭지의 봉황이 보이는 것을 들고 있다.[39] 이보다 약간 시기를 앞당겨 6세기 후반 북제에 사신을 파견한 이후인 570년 이후 7세기 초로 비정하기도 한다.[40] 한편 대향로의 제작시기를 538년 사비천도를 전후한 시기로 보기도 한다.[41]

　　한편 향로의 570년 이후 7세기 전반에 걸치는 제작연대설이 중국과의 교류와 중국 향로와의 연관성에 주목했다면, 사비천도 전후설은 백제의 내적 요인에 주목하였다. 내적 요인의 연장선상에서 향로의 제작목적을 백제의 3산(山) 5악(岳) 제산(諸山)의 제사체계에 입각하면서 제작연대를 567년 이후 만들어졌다는 주장도 제기되었다.[42]

　　그러나 사비천도 전후 혹은 567년에서 7세기 전반에 이르는 향로제작설은 향로가 만들어진 백제의 시대적 배경을 간과한 점이 없지 않다. 천도전후설의 경우 능사에서 발견된 향로를 구체적인 근거 없이 다른 곳에서 만들어졌다고 볼 수는 없을 것 같다. 또한 7세기 전반이라 하면 백제의 무왕이 사비의 왕흥사와 익산의 미륵사를 창간하고 있는 시기인데, 이곳에 향로를 봉안하지 않고 능사에 보관한 점을 설명하기 어렵다. 3산 5악설은 백제의 제사체계와 관련하여 설명하였지만 향로가 만들어지게 된 구체적인 이유에 대한 설명이 미흡했다.

　　향로의 제작시기에 대해서 여러 논자가 의견을 달리하지만 향로의 사용목적에 대해선 일치하고 있다. 절에서 발견되었지만, 부처님에 대한 향공양보다는 제사

39　조용중, 앞의 책, 146쪽.

40　김자림, 앞의 논문, 156쪽.

41　서정록, 『백제금동대향로: 고대 동북아의 정신세계를 찾아서』(서울: 학고재, 2001).

42　노중국, 앞의 논문, 2003.

및 의례와 관련된 용도로 보고 있다. 향로의 용도가 제사 및 의례와 관련 있다면 능사의 창건 이전에 건립된 강당의 성격에 주목할 필요가 있다. 향로의 제작연대도 강당과 마찬가지로 성왕의 전사 이후를 고려해볼 만하다.

본 글에서는 향로의 제작시기를 향로의 제작목적과 관련지어보았다. 554년을 전후한 백제의 사상계의 동향과 정치상황에 주목하여 새로운 접근을 시도해보았다. 백제 성왕 대(523-554) 사상계는 크게 유교와 불교로 나눠볼 수 있다. 성왕은 유교 예제에 따라 아버지 무령왕과 어머니 무령왕비의 28개월 삼년상을 각각 치렀다. 성왕은 웅진시대 실추된 왕권의 권위를 삼년상을 통해 회복하고 자신의 왕위계승의 정당성을 확고히 하고자 하였다. 성왕의 유교 예제에 대한 관심은 사비천도 이후 더 강화되어 541년 중국 양나라에 모시박사를 청하기도 하였다. 양나라는 모시에도 밝은 강례박사 육후를 파견하였다. 육후는 사비천도 후 진행된 백제의 제도, 제사체계, 예제, 예악 정비에 참여하였다. 22부사의 완비, 5제(帝)에 대한 제사, 3산 5악의 확립, 상장례의 완비 등이 그 구체적 예이다.

무령왕과 왕비의 삼년상이 치러지는 526년 인도에 구법을 나섰던 겸익이 귀법하였다. 성왕은 겸익이 가져온 범본 율장을 번역하여 『백제신율』을 만들어 불교교단의 정비에 나섰다. 율의 정비는 사비천도 이후에도 계속 이어져 신율을 판각까지 하려고 하였으나 성왕의 죽음으로 뜻을 이루지 못하였다. 성왕은 율(律)의 겸익과 예(禮)의 육후를 동시에 등용하여 유불통치이념을 강화시켜나갔다. 한편 성왕은 『법화경』의 석가의 계보와 왕실의 계보를 일치시켜 왕족의 성족관념을 고취시키기 위하여 대통사를 창건하기도 하였다.

백제에서의 불교계와 유교계의 관계는 545년 성왕이 장육불상을 조성하면서 기원한 글 속에 잘 나타나 있다.[43] 그 글 속에 '하늘 아래 모든 중생이 해탈을 이

---

43 『日本書紀』卷19, 欽明 6年 9月, "是月 百濟造丈六佛像 製願文曰 蓋聞造丈六佛 功德甚大 今敬造 以此功德 願天皇獲勝善之德 天皇所用 彌移居國 俱蒙福祐 又願 普天之下 一切衆生 皆蒙解脫 故造之矣." 예전 필자의 글에서는 성왕의 원문을 성왕이 일본 천황에게 보낸 글로 잘못 이해하였다. 여기서 이를 수정한다.

룬다'라는 구절이 보인다. 여기의 '하늘 아래'(普天之下)란, 『시경』의 '하늘 아래(溥天之下) 왕의 땅 아닌 곳이 없고, 땅마다 왕의 신하 아닌 이가 없다'[44]란 말에서 취한 것이며 '모든 중생이 해탈을 이룬다'(一切衆生 皆蒙解脫)는 구절은 『열반경』의 '일체 중생이 불성을 갖고 있다'(一切衆生 悉有佛性)라는 구절과 맥을 같이 하는 말이다. 성왕의 기원문은 『시경』과 『열반경』의 사상을 융화시키고 있다. 이를 통해 545년을 전후한 당시 백제의 불교계와 유교계의 관계가 원만했음을 알 수 있다.[45]

그러나 유불의 원만한 관계가 계속 지속되진 못하였다. 552년 성왕이 노리사치계를 통해 일본에 불교를 전하면서 내린 글에서 유불관계의 변화를 감지할 수 있다.[46] 글에는 불법의 우월성을 말하면서 주공이나 공자는 능히 불법을 이해할 수 없다고 하였다. 이 글은 국서의 성격을 띤 글로 일본에 보내기 전에 백제 조정의 논의를 거쳤을 것으로 추정된다. 그런데 당시 강례박사 육후의 존재를 고려할 때 유교의 대표적 인물인 주공과 공자를 폄하하는 내용이 실린 것은 쉽게 납득이 되지 않는다. 이는 백제에서의 육후를 중심으로 한 세력의 퇴조를 상정할 때만이 이해될 수 있는 상황이다. 545년 유불의 조화에서 552년을 전후하여 유불의 갈등이 있었음을 상정할 수 있다. 유불의 갈등은 유불의 사상적인 갈등보다는 정치세력의 분열에 따라 조장되었을 수 있다. 중국인인 육후의 세력을 견제하기 위한 불교계와 일부 정치세력의 반발일 수도 있다. 육후가 양나라를 이은 진나라에서도 벼슬을 하고 있는 것으로 보아 그는 백제를 떠나 중국으로 귀국한 것으로 보이는데, 그 시기는 552년을 전후한 시기로 여겨진다.

유불의 갈등은 554년 성왕의 전사와 맞물려 백제의 정치상황을 더욱 혼란스럽게 만들었다. 성왕의 죽음을 계기로 기로(耆老)들은 위덕왕에게 강력한 책임추궁을 하였다.[47] 기로들의 일부는 육후의 유교적 입장에 동조했던 인물들로 성왕의

---

44   『詩經』 卷13 小雅 北山, "溥天之下 莫非王土 率土之濱 莫非王臣."

45   조경철, 앞의 논문, 2006, 94-97쪽.

46   『日本書紀』 卷19, 欽明 12年, "是法於諸法中 最爲殊勝 難解難入 周公孔子 尙不能知 此法能生無量無邊福德果報 乃至成辨無上菩提."

죽음을 계기로 반격에 나선 것으로 생각된다. 이에 위덕왕은 성왕의 명복을 빌기 위해서라는 명분으로 출가 카드를 내밀며 정국의 전환을 모색코자 하였다. 파국을 막고자 했던 위덕왕과 기로는 100명의 승려를 대신 출가시키는 것으로 일단 타협을 보았다.

『일본서기』에는 백제가 어려움에 처하게 된 이유가 백제에서 '건방지신'(建邦之神)을 멀리했기 때문이라고 하였다.[48] 이 신의 정체에 대해서는 일본의 신[49], 백제의 신[50]으로 의견이 갈리고 있다. 다만 어느 쪽이든 '건방지신'으로 대표되는 사상계와 정치계가 대립하고 있었음은 일치하고 있다.

위덕왕이 출가라는 극단적인 카드를 이용하여 임시방편으로 어려운 상황을 극복했지만 현 상황의 타개를 위해서는 유불을 포함한 사상계의 화해와 정치적 갈등의 해소가 선결과제였다. 먼저 위덕왕은 부왕의 삼년상을 통해서 이를 해결하고자 하였다.[51] 이미 위덕왕의 조부인 무령왕이 삼년상을 치른 적이 있었기 때문에 절차상의 문제는 없었다. 다만 무령왕의 삼년상이 빈장 때문에 28개월의 상을 치렀다면, 성왕의 경우 1개월이 줄어든 27개월이었다. 27개월째의 담제와 무덤에 묻는 절차를 같은 달에 치른 것이다. 이와 같은 상장례의 정비는 강례박사 육

---

47 『日本書紀』卷19, 欽明 16年(555) 8月.

48 『日本書紀』卷19, 欽明 16年(555) 2月, "蘇我卿曰 昔在 天皇大泊瀨之世 汝國爲高麗所逼 爲甚累卵 於是 天皇命神祇伯 敬受策於神祇 祝者迺託神語報曰 屈請建邦之神 往救將亡之主 必當國家謐靖 人物乂安 由是 請神往救 所以社稷安寧 原夫建邦神者 天地割判之代 草木言語之時 自天降來 造立國家之神也 頃聞 汝國輟而不祀 方今悔悔前過 修理神宮 奉祭神靈 國家昌盛 汝當莫忘."

49 關晃, 洪淳昶 譯, "建邦의 神'에 대하여", 『韓日關係研究所紀要』 제8호(대구: 한일관계연구소, 1978); 조경철, "백제 사택지적비에 나타난 불교신앙", 『역사와 현실』 제52호(서울: 한국역사연구회, 2004).

50 石田一良, 洪淳昶 譯, "所建邦의 神: 上古日本人의 世界觀과 政治理念", 『韓日關係研究所紀要』 제8호(대구: 한일관계연구소, 1978); 노중국, 『백제사회사상사』(서울: 지식산업사, 2010), 524쪽.

51 『일본서기』에 3년간의 위덕왕의 공위(쏘位)를 설정하고 있는데 실은 이 3년간의 공위가 27개월 삼년상의 기간이었다. 즉 『삼국사기』에 의하면 성왕의 전사가 6월로 되어 있으나 『일본서기』에는 12월로 나와 있다. 『일본서기』의 12월은 성왕의 유해를 신라에서 가져온 것을 말하며, 이 때부터 계산하여 위덕왕의 즉위까지 27개월로 계산된다. 이에 대해서는 조경철, 앞의 논문, 2009를 참조.

후에 의해 이루어졌을 것으로 생각된다. 유교적 예제 질서에 입각한 27개월 삼년상의 준수는 유교적 입장에 있었던 사람들을 끌어들인 효과가 있었을 것이다.

무령왕의 경우 삼년상의 빈전은 정지산에 마련되었다. 반면 성왕의 경우는 능사의 강당에 마련된 것으로 추정된다. 기로들은 성왕의 전사에 대한 책임을 위덕왕에게 묻자 그는 성왕의 명복을 위해서 출가하겠다고 선언하고 나선다. 이는 한 발 물러선 기로들의 만류로 이루어지지 않았지만, 그가 출가하여 성왕의 명복을 빌기에 적합한 장소는 성왕이 묻힐 능 근처의 능사가 안성맞춤이라고 생각한다. 능사의 강당지는 발굴 결과 일반 강당지와는 달리 제사에 쓰였던 건물로 여겨지고 있다. 제사의 성격에 대해서는 구태묘[52], 사묘(祠廟)[53], 빈전 등의 논의가 있지만[54] 위덕왕의 출가 동기를 고려한다면 빈전일 가능성이 높다.[55] 물론 성왕의 삼년상이 끝나고 난 다음에는 사묘로 용도가 변경되었을 수 있다.

능사 강당지의 삼년상의 빈전의 설치는 유불의 갈등과 왕과 기로들의 갈등을 해소하는 계기가 되었다. 또한 삼년상의 의식을 치르는 과정에서 군신 간의 화합과 왕에 대한 충이 자연스럽게 배어났을 것으로 생각된다. 이러한 분위기를 자연스럽게 자아내는 데는 예악(禮樂)이 적격이다. 예와 악은 동전의 양면으로 예가 외적인 형식에 의한 절제라면 악은 내적인 마음의 절제라고 볼 수 있다. 그래서 예악일치(禮樂一致)라고도 한다. 예에 입각한 제사와 의식이 정비됨에 따라 그에 걸맞는 악의 정비도 필수적이라고 생각한다. 제사의식에 사용되었을 것으로 추정되는 백제금동대향로의 오악사의 배치도 이러한 예악에 대한 이해에 기반했을 것이다.[56]

---

52 김길식, "백제 시조 구태묘와 능산리사지", 『한국고고학보』 제69호(서울: 한국고고학회, 2008).

53 이병호, "부여능산리사지 가람배치의 변천과정", 『한국사연구』 제143호(서울: 한국사연구회, 2008).

54 신광섭, "능산리사지 발굴조사와 가람의 특징", 『백제금동대향로와 고대동아세아』(충청남도 부여: 국립부여박물관, 2003).

55 조경철, 앞의 논문, 2009.

56 『예기』 악기편은 특히 예와 악에 대한 관계를 다루고 있는데 이에 대한 이해는 일본에 오경박사를 파견한 사실이나 10여 년간 백제에서 활약한 강례박사 육후를 떠올리면 충분히 예상할 수 있다.

향로의 오악사의 악기의 구체적인 이름에 대해서 이론이 있지만 완함, 백제금, 종적, 배소, 백제북이라 생각된다.[57] 사실 다섯 악기의 구체적인 편성의 의미보다는 악(樂)과 '5'의 조합에 관심을 두어야 할 것 같다. 산과 봉황사이에 음악을 배치하여 악전변에 의한 봉황의 출현을 역동적으로 묘사했다는 점은 앞서 살펴보았지만 5란 숫자의 의미도 중요하다. 보통 5의 의미에 대해서 5방(方), 5악(岳), 5제(帝), 5행(行), 5부(部) 등으로 보고 있지만 정작 음악과 관련해선 관심을 두지 않은 것 같다.

> 궁은 임금이며, 상은 신하며, 각은 백성이며, 치는 사(事)이며, 우는 물(物)이다. 이 다섯 가지가 어지럽지 않으면 조화되지 않은 음이 없다(『예기』 악기).[58]

> 악은 종묘의 제사에 군신상하가 함께 들으면 화합과 공경이 생기지 않을 수 없다(『예기』 악기).[59]

> 이 대나무는 합한 연후에야 소리가 납니다. 성왕이 소리로 천하를 다스릴 징조입니다. 대나무로 피리를 만들어 불면 천하가 화평할 것입니다(『삼국유사』 만파식적).[60]

『예기』 악기 편에 의하면 궁상각치우(宮商角徵羽) 5음을 각각 임금과 신하와 백성과 인사(人事)와 만물(萬物)[61]에 비유하고 있다. 위 다섯 가지는 어긋나지 않아야

---

57 국립국악원의 견해를 참조했다. 여기서는 5악을 완함, 백제금, 백제적, 소, 백제고라고 하였다 (국립국악원, 『2010 국악기 연구보고서』(서울: 국립국악원, 2010, 9쪽)). 송방송은 완함, 장소, 북, 거문고, 배소라 이름하였고(송방송, "백제 악기의 음악사학사적 조명"『백제금동대향로 발굴 10주년 기념 연구논문 자료집 백제대향로』(충청남도 부여: 국립부여박물관, 원 게재지는『한국음악사학보』제14호, 1995)).

58 『예기』권18 악기, "宮爲君 商爲臣 角爲民 徵爲事 羽爲物 五者不亂 則無怗懘之音矣."

59 『예기』권18 악기, "樂在宗廟之中 君臣上下 同聽之 則莫不和敬."

60 『삼국유사』권2 기이2, 만파식적.

61 사(事)를 노동과 삶, 물(物)을 재물로 푼 해석도 있다. 민족음악연구소, "예기 악가의 악본편: 음악학적 해석",『음악과 민족』제2호(서울: 민족음악연구소, 1991), 58쪽.

한다고 한다. 또한 악이란 군신상하가 함께 들으면 화합하고 공경하지 않을 수 없다고 하였다. 『삼국유사』 만파식적조에서는 성왕이 소리로 나라를 다스리면 천하가 태평해진다고 하였다.[62] 육후의 스승 최령은도 오성(五聲)이 서로 상응하고 변잡하여 조화를 이루어야 한다고 했다.[63] 향로의 5악의 '5'도 5음(音)이나 5성(聲)으로 보고 싶다. 따라서 백제금동대향로의 5악은 바로 전 국민과 사물의 화합, 특히 군신간의 화합을 강조했다고 생각한다. 구체적으로 위덕왕과 기로의 화합으로 볼 수 있다. 5악의 의미가 악전변과 군신민사물(君臣民事物)의 화합과 조화의 의미로 파악된다면 대향로의 사상적 배경에 유교의 예악이 차지하는 위치는 불교와 도교에 못지않다고 생각한다.

대향로는 연꽃의 불교, 유교의 5악(樂), 선산의 도교가 어우러져 만들어졌다. 이러한 유불도 3교의 조화는 겸익과 육후로 인해 분열된 백제사상계의 화합으로 볼 수 있다. 물론 그 중심에는 백제의 왕이 있었다. 향로 받침의 용은 연꽃과 선산을 당당히 받치고 있다. 봉황의 출현은 태평성세의 도래를 의미한다. 용과 봉황은 왕을 상징하는 것으로 보아야 한다. 군신의 화합, 유불도의 조화, 왕자의 권위를 상징하는 향로가 쓰이기에 가장 적합한 시기는 바로 성왕의 삼년상 기간인 554~557년으로 볼 수 있다. 성왕의 빈전에 사용된 백제금동대향로는 군신의 화합, 유불도의 조화, 백제의 태평성세, 위덕왕의 권위를 드러내기 위해 만들어졌다.

---

62 만파식적의 예악적 의미와 관련해서는 김상현, "만파식적설화의 형성과 의의", 『한국사연구』 제34호(서울: 한국사연구회, 1981)의 논문을 참조.

63 『史記』卷24 樂書, "聲相應 故生變 [集解] 鄭玄曰 樂之器 彈其宮則衆宮應 然而不足樂 是以變之使雜也[正義] 崔靈恩云 緣五聲各自相應 不足為樂 故變使雜 令聲音諧和也."

백제금동대향로의 사상적 배경에 대한 연구는 먼저 눈에 띄는 산을 박산이나 봉래산 등 선산으로 보는 도교적 입장이 우세하였다. 그러나 향로가 절에서 사용되었고 연화생과 수미산의 이미지가 중첩되어 박산만큼의 도교적 색채가 강하게 드러나지는 못하였다. 화엄의 연화장세계로 보는 입장은 백제에서 화엄이 두각을 나타내지 못했기 때문에 재검토의 여지가 있다. 반면 연화생의 입장은 몸체의 연꽃에서 연화생을 충분히 상정할 수 있지만 그 의미는 제한적일 수밖에 없다. 향로 몸체의 여러 산봉우리를 3산(山) 5악(岳) 제산(諸山)의 제의체계로 본 유교적 입장은 기존의 불교와 도교에 입각한 연구경향에 경종을 울렸지만 산꼭대기의 3산을 3산 5악(岳)의 3산으로 보기에는 크기와 상징이 약하다고 생각한다. 오히려 오악(五樂)에 의해 산꼭대기의 3산이 열리면서 보주가 탄생하는 이미지로 느껴진다.

백제금동대향로의 오악은 평면적인 산과 봉황의 관계를 역동적인 변화로 바꾸어놓았는데 이를 전변의 의미를 빌려 악전변(樂轉變)이라 불러보았다. 향로는 용(龍)전변에 의해 연꽃이 생겨나고, 연화생(蓮化生)에 의하여 산이 생겨나고, 오악의 악전변에 의해 봉황이 출현하는 기승전결의 구도로 짜여 있다. 이를 화생전변(化生轉變)의 상징구조라 불러보았다. 오악의 '5'는 오방, 오제, 오행 등 여러 논의가 있었지만, 궁상각치우의 5음으로 보았다. 5음의 조화는 군신과 백성 사물의 조화를 의미하며 봉황을 불러내는 역할을 한다.

백제의 성왕은 율종의 겸익과 중국의 강례박사 육후와 함께 유불통치이념을 정립해나가는데 성왕 30년(552) 유불의 갈등에 의해 육후가 중국으로 건너가게 된다. 554년 성왕이 전사하고, 기로(耆老)들이 아들 위덕왕에게 책임을 묻고, 건방지신이 노했다는 등의 사상적 정치적 갈등이 폭발상태에 있었다. 위덕왕은 이러한 갈등을 해소하기 위하여 성왕의 삼년상을 능사 강당에 설치된 빈전에서 치렀다. 삼년상의 의례적 분위기를 조성하고 성왕의 명복을 빌기 위하여 대향로를 제작하였다. 향로의 오악, 연꽃, 산은 유불도의 조화를 의미하며, 오악은 군신, 백성, 만물의 조화를 의미하는 것이었다. 백제금동대향로의 화생전변적 상징구조에 의한다면 악의 중요성은 불교와 도교에 못지않다. 화생전변의 의미를 염두한다면 백제금동대향로의 사상적 배경은 유불을 주로 하면서 불교가 약간 앞서고 도교가 그 뒤라고 생각한다. 이 조화 속에 왕을 상징하는 용과 봉황이 아래와 위에 자리하고 있다. 백제금동대향로는 위덕왕이 유불의 조화와 군·신·민의 화합을 통하여 태평성세를 희구한 위덕왕의 꿈 자체였다.

참고문헌 _____

『논형』, 『장자』, 『주역』, 『예기』, 『산해경』, 『일본서기』, 『사기』

국립국악원. 『2010 국악기 연구보고서』. 서울: 국립국악원, 2010.

국립부여박물관. 『백제금동대향로 발굴 10주년 기념 특별전 백제금동대향로』(도록). 충청남도 부여: 부여
　　박물관, 2003.

권오영. 『고대 동아시아 교류의 빛 무령왕릉』. 경기도 파주: 돌베게, 2005.

길기태. 『백제 사비시대의 불교신앙 연구』. 서울: 서경문화사, 2006.

김길식. "백제 시조 구태묘와 능산리사지". 『한국고고학보』 제69호. 서울: 한국고고학회, 2008.

김상현. "만파식적설화의 형성과 의의". 『한국사연구』 제34호. 서울: 한국사연구회, 1981.

김수태. "백제 위덕왕 대 부여능산리 사원의 창건". 『백제문화』 제27호. 충청남도 공주: 공주대백제문화연
　　구소, 1998.

김영심. "백제의 도교 성립문제에 대한 일고찰". 『백제연구』 제53호. 대전: 충남대학교 백제연구소, 2011.

김영태. 『백제불교사상사』. 서울: 동국대학교출판부, 1985.

김자림. "박산향로를 통해서 본 백제금동대향로의 양식적 위치 고찰". 『미술사학연구』 제249호. 서울: 한국
　　미술사학회, 2006.

노중국. "사비 도읍기 백제의 산천제의와 백제금동대향로". 『계명사학』 제14호. 대구: 계명대학교, 2003.

＿＿＿＿. 『백제사회사상사』. 경기도 파주: 지식산업사, 2010.

민족음악연구소. "예기 악기의 樂本편: 음악학적 해석". 『음악과 민족』 제2호. 서울: 민족음악연구소, 1991.

서영대. "백제의 오제신앙과 그 의미". 『한국고대사연구』 제20호. 서울: 한국고대사학회, 2000.

서정록. 『백제금동대향로: 고대 동북아의 정신세계를 찾아서』. 서울: 학고재, 2001.

송방송. "백제 악기의 음악사학사적 조명". 『백제금동대향로 발굴 10주년 기념 연구논문 자료집 백제대향
　　로』. 충청남도 부여: 국립부여박물관(원 게재지는 『한국음악사학보』 제14호, 1995).

신광섭. "능산리사지 발굴조사와 가람의 특징". 『백제금동대향로와 고대동아세아』. 충청남도 부여: 국립부
　　여박물관, 2003.

윤무병. "백제 미술에 나타난 도교적 요소". 『백제금동대향로 발굴 10주년 기념 연구논문 자료집 백제대향
　　로』. 충청남도 부여: 국립부여박물관, 2003(원 게재는 『백제의 종교와 사상』, 1994).

이경순. "운강 석굴에 나타난 연화화생 표현 연구". 『강좌미술사』 제15호. 서울: 한국미술사연구소, 2000.

이내옥. "백제금동대향로의 비밀". 『한국사시민강좌』 제44호. 서울: 일조각, 2009.

이병호. "부여능산리사지 가람배치의 변천과정". 『한국사연구』 제143호. 서울: 한국사연구회, 2008.

이정효 · 최덕경. "중국 고대 龍鳳意匠의 변천과정과 백제금동대향로". 『대구사학』 제84호. 대구: 대구사학
　　회, 2006.

장인성. 『백제의 종교와 사회』. 서울: 서경, 2001.

＿＿＿＿. "백제금동대향로의 도교문화적 배경". 『백제금동대향로와 고대동아세아』. 충청남도 부여: 국립부
　　여박물관, 2003.

전호태. 『고구려 고분벽화 연구』. 서울: 사계절, 2000.

정재서(역주). 『산해경』. 서울: 민음사, 1996(신장판).

조경철. "백제불교의 수용과 전개". 연세대학교 석사학위논문. 서울: 연세대학교, 1996.

＿＿＿＿. "백제불교사의 전개와 정치변동". 한국학중앙연구원 역사전공박사논문. 경기도 성남: 한국학중앙

연구원, 2006.

_____. "백제왕실의 삼년상: 무령왕과 성왕을 중심으로". 『동방학지』 제145호. 서울: 연세대학교 국학연구원, 2009.

_____. "백제불교의 중국 영향에 대한 비판적 검토". 『한국사상사학』 제36호. 서울: 한국사상사학회, 2010.

조용중. "백제금동대향로에 대한 연구". 『백제금동대향로 발굴 10주년 기념 연구논문 자료집 백제대향로』. 충청남도 부여: 국립부여박물관, 2003(원 게재지는 『미술자료』 제65호, 서울: 국립중앙박물관, 2000).

최병헌. "백제금동대향로". 『백제금동대향로 발굴 10주년 기념 연구논문 자료집 백제대향로』. 충청남도 부여: 국립부여박물관, 2003(원 게재는 『한국사시민강좌』 제10호. 서울: 일조각, 1998).

최진묵. "중국 고대 樂律의 운용과 禮制". 『동양사학연구』 제89호. 서울: 동양사학회, 2004.

홍승현. "『사기』「악서」와 『한서』「예악지」를 통해 본 漢代 制樂의 실상". 『동방학지』 제140호. 서울: 연세대학교 국학연구원, 2007.

關晃. "建邦의 神'에 대하여"(洪淳昶譯), 『韓日關係研究所紀要』 제8호. 대구: 한일관계연구소, 1978.

吉村 怜. "百濟武寧王妃木枕に描かれた仏教図像". 『天人誕生図研究』. 東京: 東方書店, 1999.

石田一良. "所建邦의 神: 上古日本人의 世界觀과 政治理念"(洪淳昶譯), 『韓日關係研究所紀要』 제8호. 대구: 한일관계연구소, 1978.

2

백제금동대향로 주악상의 금쟁류 현악기 고찰

송혜진(숙명여대 전통문화예술대학원 교수)

백제금동대향로 소재 금쟁류 현악기[64]의 정체성과 명칭 해석

　백제금동대향로 발굴 이후, 향로에 표현되어 새겨진 다섯 주악상(奏樂像)[65]과 그 악기의 정체성에 관한 연구가 다양하게 진행되었다. 향로에 새겨진 오악사 상의 존재와 백제 음악과의 관련성을 살핀 송방송[66]의 연구를 비롯하여 개별 악기

64　백제금동대향로의 주악상에는 두 가지의 현악기가 묘사되어 있기 때문에, 본고에서는 월금류 악기와 구분하고, 악기분류상의 치터(zither)류에 속하는 이 악기를 '금쟁(琴箏)류'라 명명하고 논의를 시작하고자 한다.

65　백제금동대향로는 1993년 10월 12일, 부여능산리고분군(사적 14호)과 나성(羅城, 사적 58호) 사이의 작은 계곡 물구덩이에서 발굴되었다. 발굴 당시 '용이 향로를 받치고 봉래산 위에서 봉황새가 날고 있는 모양'을 본떠 '백제금동용봉봉래산향로'라는 긴 이름으로 불리다가 백제금동대향로(국보 287호)로 정정된 유물이다. 백제금동대향로에는 다섯 명의 악사상이 아주 선명하게 묘사되어 있다.

66　송방송, "金銅龍鳳蓬萊山香爐의 百濟樂器攷",『韓國學報』제21호(서울: 일지사, 1995), 106-138쪽; "백제 악기의 음악사학적 조명",『韓國音樂史學報』제14호(서울: 한국음악사학회, 1995). 11-34쪽.

의 정체성을 구체적으로 논의한 이종구[67], 신옥분, 장익선[68] 등이 대표적이다. 특히 다섯 주악상 중 '거문고처럼 무릎에 올려놓고 연주하는 현악기'는 한반도의 고대문화에 연원을 둔 거문고, 가야금과 1990년대 이후 발굴된 고대 현악기 관련 유물과의 관련성을 탐구한 연구에서 비중 있는 연구소재로 주목을 받아왔으며, 각 연구에서는 '거문고', '쟁'(箏), '금'(琴) 등으로 명명된 바 있다.

'거문고'로 해석한 연구자는 송방송이다. 송방송은 악기를 무릎에 올려놓고 오른손으로는 줄을 튕기고 왼손은 줄 위에 올려놓은 연주하는 자세 및 표현된 현의 수, 백제와 고구려가 공유한 음악문화의 배경 등을 고려하여 '거문고'로 보아야 한다는 주장을 폈다. '쟁'으로 본 연구자는 전인평이다. 전인평은 거문고의 괘가 보이지 않는다는 점을 들어 '쟁'일 가능성을 제시하였다.[69] '금'으로 본 연구자는 이진원[70], 이종구 등[71]이다. 이진원은 고악기의 명칭에 관하여 중국 유사악기와의 비교 고찰을 통해 이를 '금'으로 분류한 바 있고, 이종구는 이 악기가 괘, 술대, 안족(雁足)을 갖추고 있지 않으며 연주법도 거문고와 가야금과 다르다는 점, 악기의 크기가 거문고와 가야금에 비해 작다는 점에서 이를 '금'으로 밖에 볼 수 없다고 하였다.[72]

'거문고처럼 무릎에 올려놓고 연주하는' 백제금동대향로의 현악기는 이처럼 다양하게 해석되고 있지만, 향로의 현악기가 현재의 가야금이나 거문고의 구조와 많이 다를 뿐 아니라 동북아시아의 여러 유물 현악기와도 차이가 있기 때문에 여

---

67   이종구, "백제금동대향로 주악 조소상 악기 명칭에 대한 연구", 『음악논단』 제21집(서울: 한양 대학교 음악연구소, 2007), 1-25쪽.

68   신옥분 · 장익선, "오종(五種) 악기와 향로의 상징에 대한 고찰: 백제금동대향로를 중심으로", 『한 국음악사학보』 제41집(서울: 한국음악사학회, 2007), 33-86쪽.

69   전인평의 의견은 음악잡지에 기고한 글에서 제시된 것으로 충분한 논증은 없었다. "금동향로의 다섯 국악기, 천년의 정체를 밝힌다", 『객석』 6월호(서울: (주)예음, 1994), 70-72쪽.

70   이진원, "한국 고고음악학 사료 중의 악기 명명법 고찰: 몇 가지 출토유물에 보이는 고악기를 중심으로", 『한국전통음악학』 제3집(서울: 한국전통음악학회, 2002), 295-307쪽.

71   신옥분 · 장익선의 논문 참조.

72   이종구, 앞의 논문. 17-18쪽.

러 학자들의 해석과 명칭에 대한 의견에도 불구하고 그 '정체성'과 '명칭'에 대한 관심은 지속되고 있다. 또한 백제금동대향로에 묘사된 주악상이 백제시대의 음악문화 관점에서 어떻게 해석되어야 하는가 하는 문제가 남아 있다. 즉, 백제금동대향로의 주악상의 '상징성' 속에서 음악사적으로 유의미한 사실성을 확보할 수 있는가 하는 점이다.

〈그림 2.1〉 백제금동대향로 주악상 중 금쟁류 현악기 연주자의 모습

주지하다시피 백제금동대향로의 주악상은 뚜껑 부분에 새겨져 있다. 이 부분에는 산봉우리가 겹겹이 층을 이루고 있고, 산자락 사이사이에 인물상, 동물상, 갖가지 식물들이 배열되어 있다. 향로 꼭대기에는 날개를 활짝 펴고 꼬리를 힘껏 치켜올린 '봉황'이 보주(寶珠)를 딛고 서 있고, 턱 아래로 작은 보주를 끼고 있다. 그 아래로 오악사와 기러기·뱀을 물고 있는 짐승 등 상상의 동물과 현실 세계에 실재하는 호랑이·코끼리·원숭이·멧돼지 등 모두 42마리의 짐승과 다섯 명의 악사를 비롯한 17개의 인물상이 봉우리 74곳의 사이사이에 돋을새김되어 있다. 이밖에 식물 여섯 종류, 바위 20군데, 산중턱을 가로지르며 난 길, 산과 계곡 사이로 흐르는 시냇물 등이 섬세하게 조각되어 있다.

이처럼 '현실'과 '상상'의 세계가 '판타지'처럼 혼재된 백제금동대향로 속의 인물과 사물 속에서 악기를 연주하는 다섯 명의 주악인물과 그들의 악기를 어떻게 정의하고 해석할 것인가. 또한 백제금동대향로가 6세기 말[73], 백제의 금속공예기술과 예술성을 보여주는 유물이라 하더라도, 여기에 묘사된 인물과 사물이 나타

---

73 백제금동대향로의 제작시기에 대해서는 여러 가지 견해가 있는데 현재는 위덕왕 대(554-598) 제작설이 가장 유력하다. 노중국, "백제 도읍기 백제의 산천제의와 백제금동대향로", 『계명사학회』(대구: 계명사학회, 2003), 1-35쪽.

내려는 세계관 및 역사적 현실과는 차이가 있을 수 있다는 점, 향로에 투영된 염원의 의미와 종교의례적 성격 등을 고려해볼 때 백제금동대향로 주악상, 그중에서도 현악기의 정체성과 명칭을 논하는 것은 많은 한계가 있으며, 동시에 다양한 해석 가능성을 가지고 있다.

따라서 백제금동대향로에 표현된 주악 내용이 6세기 말 백제의 음악 현실인지, 그 시대 백제인들이 상상한 세계인지, 혹은 현실과 상상이 뒤섞인 것인지를 객관적으로 분별하기 위해서는 무엇보다 대상에 대한 객관적인 관찰 및 관련 자료와의 체계적인 비교가 필요하다. 기존의 연구성과에서는 백제금동대향로 소재 5종 악기 전체를 연구대상으로 삼고, 유사 악기와의 관련성을 기초로 악기의 정체성과 명칭을 논하였기 때문에 개별 악기에 대한 집중도에 한계가 있었으며, 악기의 비교 체계도 미진한 점이 있었다고 판단된다. 이에 본고에서는 먼저 백제금동대향로의 '현악기'를 최대한 객관적으로 관찰하여 '보이는 대로의 구조'를 기술해보고자 한다. 또한 현악기 악기 도상(圖像)의 객관적 기술을 위해서 고대 동북아의 도상 및 유물악기 연구에서 제시된 연구의 주안점이 무엇인지를 제시하여, 이를 기준으로 백제금동대향로 금쟁류 현악기의 보편적 특징과 특수성을 분류해보기로 하겠다. 이와 같은 기초연구는 유물 및 도상자료에 연구에서 필요한 과정이지만 기존 연구에서는 생략되거나 미진하였으므로, 본 연구를 통해 이를 보완해보는 것이 목적이다. 이와 같은 기초적인 기술과정은 자연스럽게 백제금동대향로 소재 금쟁류 현악기의 정체성과 유형을 분별하는 데 객관적 기준이 될 수 있을 것이라고 판단된다.

1) 악기론적 관점의 방법론

악기 연구는 소리를 내는 악기의 구조와 모양, 악기에 관한 용어, 연주기법에 관한 1차적 이해에서 출발하여 악기의 발굴, 악기 관련 도상(圖像)자료, 사라진 악기의 복원 및 연주, 악기의 기원, 악기의 어원학적 어의(語義) 연구, 악기의 지역적 분포와 이동, 악기를 연주했을 때 생기는 청각적 현상, 또는 악기의 음계, 악기의 연주 등으로 그 범위가 매우 넓다.[74] 이밖에도 종족음악학적인 관점에서는 악기를 만들고, 연주하고, 수용되는 문화적 배경에 대한 연구, 악기 및 악기 연주가 그 문화권 내에서 어떤 의미로 받아들여지는가에 대한 이해 등 악기의 사회적, 종교적 기능과 악기의 상징성 등이 중시된다.[75]

한편, 오랫동안 음악도상학을 연구해온 일본 구니다치 음악대학의 음악연구소에서는 악기의 형태를 ① 음(音)의 발생, ② 악기의 상징성, ③ 역사성, ④ 민속성, ⑤ 제작기술의 관점으로 크게 분류하고 각각 다음과 같은 점에 주목하고 있다.[76]

---

74 송혜진, "국악기 연구의 주제와 방법론: 국악기 연구현황과 전망을 중심으로", 『한국음악사학보』 제32권(서울: 한국음악학회, 2004), 155-189쪽.

75 종족음악학자 주르네비에브 도르농(Gnenviéve Dournon)은 악기 연구조사 방법론에서 ① 고유명칭(지역언어, 명칭의 의미), ② 악기의 기원 및 사용 지역, ③ 악기의 재료와 각 재료의 기능, 악기의 장식적 요소와 의미, ④ 악기의 제작(악기 제작자, 제작기법, 악기 제작방법의 전수, 악기 제작과 관련된 의례), ⑤ 악기의 기능(악기를 언제, 어디서 어떤 목적으로 연주하는가, 신호나 메시지로써의 기능은 없는가), ⑥ 악기의 연주(연주자세, 연주기법, 조율체계), ⑦ 악기의 용도(기악 연주용 악기인가, 노래나 춤의 반주에 쓰이는가 등), ⑧ 악기의 소유(개인소유인가 아니면 공동생활을 위한 집단소유인가), ⑨ 악기의 기원(토착적인 악기인가, 신화에서 비롯되었는가, 외래 악기인가), ⑩ 악기의 보관(악기를 사용한 후에는 누가 어디에 어떻게 보관하는가) 등을 조사해야 한다고 제시하였다. 주르네비에브 도르농, 박미경(역), "악기학(Organology)", 『음악과 문화』 제2호(대구: 세계음악학회, 2000), 199-243쪽.

76 郡司 すみ, "樂器の Typology", 『音樂研究所年譜』 제7집(東京: 國立音樂大學, 1987), 25-34쪽.

음의 발생과 관련해서는 ① 음계에 기반을 둔 음조직을 연주할 수 있는가, ② 음역은 어느 정도(1도, 5도 이내, 8도 이내, 옥타브 이상)인가, ③ 고정음을 낼 수 있는 체계인가, ④ 부가음 및 변음을 낼 수 있는가에 따라 유형을 달리했고, 악기의 상징성 부분에서는 ① 악기 자체가 상징성을 가지는가, ② 형태가 상징성을 띠고 있는가, ③ 장식에 상징성이 내포되었는가, ④ 악기의 재료에 상징성이 있는가, ⑤ 악기의 연주법에 상징성이 담겨 있는지를 분류하였다. 또 역사적 관점에서는 악기가 ① 종교의례와 관련된 것인지, ② 예술음악을 연주하는 데 활용되었는지, ③ 민속악기로 전승되었는지 등 악기가 어떤 목적으로 어디에서 사용되었는지에 주목하였다. 또, 이 악기가 외부에서 전파된 악기라면 역사적으로 언제, 어떻게 유입되었는지에 대한 경로와 시기도 악기의 분류에 중요한 기준점이 되었다. 이밖에 민속과 관련된 추이에서는 연주자세와 성별과 연령, 연주자의 사회적 계급 등을 주목하고 있는데 연주자세에서는 악기를 ① 서서 연주하는가, ② 걸으면서 하는가, ③ 선 채로 춤을 추며 연주하는가, ④ 앉아서 연주하는가 등으로 분류하였고, 주자의 성별과 연령에서는 남, 녀, 성인, 어린이, 노인 등의 기준이 적용되었다.[77]

이상의 악기론적 관점은 정체 미상의 악기를 접근하는 학술적 체계로서 백제 금동대향로 금쟁류의 현악기 성격을 규명하는 데 유용하다. 이밖에도 백제금동대향로 금쟁류의 현악기 연구는 본 연구의 대상과 시기적, 지역적으로 공통기반을 가진 10세기 이전, 동북아시아 유사 현악기 군(群)을 연구에 적용된 체계를 참고할 필요가 있다고 보아 기존의 관련 연구성과에서 중시한 연구관점을 부가적으로 검토해보았다.

---

77 한편 위의 연구보고서에서는 악기의 구조를 살피는 과정에서 제작기술을 ① 무가공, ② 1차 가공(切, 削, 割, 구멍을 뚫었는지, 재료를 감소시켜서 제작하였는지 등), ③ 2차 가공(서로 다른 재료를 사용하여 만들었는지, 부품을 조합하였는지), ④ 주조가공(금속재료를 성형하여 만들었는지), ⑤ 단조가공(금속재료를 조성하여 만들었는지), ⑥ 성형가공(흙이나 나뭇가지로 형태를 만들었는지)에 따라 형태를 구분하였으며, 악기를 ① 집합형(gathered instruments), ② 정렬형 (lined instruments), ③ 통합형(united instruments), ④ 융합형(fused instruments), ⑤ 복합형 (composite instruments)으로 형태화하였다.

2) 동북아시아 고대 금쟁류 악기 연구관점의 방법론

중국, 일본에서 이루어진 고대 금쟁류 현악기 연구에서는 악기 유물과 도상자료를 중심으로 악기의 연원과 발전과정, 유사 악기와의 상호연관성을 논의하면서 다음과 같은 항목을 중시한 예를 살필 수 있다.

첫째, 악기의 크기이다. 악기의 실물인 경우 길이, 넓이, 높이 등을 헤아리며, 세부적으로는 몸통과 부가장치, 부속물에 대한 치수와 규격을 살핀다. 도상자료의 경우 인체 및 사물과의 비례로 추정하기도 한다. 이 경우 악기규격에 관한 이해를 돕는 참고자료로 삼을 수는 있지만 정확한 데이터로 활용하기 위해서는 제한점이 있다.

둘째, 몸통의 구조이다. 일본의 고대 와곤[和琴] 유물을 대상으로 한 야마다 마츠히로(山田光洋)의 연구에서는 몸통의 구조를 ① 판자 모양[板]의 몸통, ② 구유 모양[槽]의 공명통, ③ 막대 모양[棒] 등 세 가지로 유형화한 바 있다. 이를 더 세분하여 판자나 구유 모양의 몸통이 ① 아래가 평평하고 위가 불룩한 형, ② 위아래가 평평한 형, ③ 위는 평평하고 아래가 불룩한 형으로 구분하였다.[78] 야마다 마츠히로의 고대 와곤의 공명통 구조에 대한 분류는 이후 관련 연구자들에게 폭넓게 수용되면서 더욱 세부적인 접근도 이루어지고 있는데, 엔도 도오루(遠藤撤)는 판자 모양에서 구유 모양의 공명통으로 변화한 것은 악기발달사의 전개과정에서 '큰 사건'이며 중시해야 할 점이라고 강조한 바 있다.[79]

셋째, 몸통의 모양이다. 고대 금쟁류 악기의 몸통 모양을 유형화한 기존의 연구는 아직 보지 못하였으나, 여러 연구의 기술과정에서는 몸통의 모양이 반듯한 장방형(長方形)인지, 장방형이되 어느 한쪽이 점점 좁아진 형태인지, 장방형에 봉형(奉形)의 구조가 첨가된 형태인지, 장방형의 몸통에 줄을 걸거나 장식을 위해 첨

78　야마다 마츠히로(山田光洋), 『樂器の 考古學』(東京: 同成社, 1998), 117-151쪽.

79　엔도 도오루(遠藤撤), "新羅琴と日本古代の弦樂器", 『악성 우륵의 생애와 대가야의 문화』(대구: 계명대학교 한국학연구원, 2006), 286-321쪽 및 권지현의 번역문 참조.

동부(胴部) 단면 모양

• I종: 판 형태(모양) 거문고

1-a   1-b   1-c

• II종: 통 형태(모양) 거문고

2-a   2-b   2-c

두부(頭部) 평면 모양

A   B

C   D

E   F

〈그림 2.2〉 일본의 고대 와곤 몸통 유형 분류

가되었는지 등이 중시되었음을 알 수 있다. 몸통 모양에 대해 세밀하게 관찰하다 보면 고대의 금쟁류 현악기를 포괄적으로 '장방형의 공명통을 가진 악기'로 정의 하는데 대한 한계를 확인하게 된다.

넷째, 현에 대한 관찰이다. 현에 대한 관찰은 주로 '몇 현을 가진 악기인가'에 초점이 맞춰지지만, 이외에 현의 길이, 현의 재료, 현의 장력을 아는 것도 중요하다. 유물이 온전한 상태로 발굴된 경우를 제외하면, 현의 수는 몸통에 남아 있는 현공(絃孔)이나 줄을 매기 위해 고안된 돌기의 수를 헤아려 파악한다. 지금까지 중국, 일본에서 발굴된 유물악기들은 금·슬·쟁·축(筑) 등 악기의 정체성이 뚜렷한 경우에도 현의 수가 시대에 따라 각각 차이가 있음을 보여준다. 금이나 축 계통의 유물에서는 10현 미만, 슬이나 쟁 유물은 10현 이상의 현수(絃數)를 보이다가, 기원 전후 시대에 이르러 고정된 형태로 정착되었다. 현의 재료에 관해서는 일반적으로 명주실을 사용한 것으로 알려져 있으며, 풀 종류의 재료를 쓴 흔적도 일부 발견되고 있다.

현의 장력에 관한 관찰은 줄 매는 방법을 통해서 유추할 수 있다. 몸통에 줄을 매는 방법은 양쪽에 구멍을 뚫어 현을 고정시키는 것인데, 이 중 한쪽에는 현을 균등하게 배열할 수 있도록 일정한 간격의 구멍에 현을 고정하고 다른 한쪽에서는 줄을 잡아당겨 고정시키는 방법이 여러 가지로 고안되었다. 현악기의 줄매기 방식은 시대와 지역에 따라 각기 다른 방식의 변화를 겪다가 각각의 유형을 갖게 되는데 필자는 10세기 이전의 동북아시아 금쟁류 현악기의 줄매기 방식에 주목해본 결과 ① 고슬형(古瑟形), ② 쟁형(箏形), ③ 칠현악기형(七絃樂器形), ④ 칠현금형(七絃琴形), ⑤ 신라금형(新羅琴形), ⑥ 화금형(和琴形)으로 분류할 수 있었다.[80]

다섯째, 몸통과 현의 관계에 관한 관찰이다. 금쟁류 악기는 긴 네모형의 몸통 위에 줄을 거는 형태이다. 몸통과 현의 관계는 줄을 받치는 현주(絃柱)의 유무, 현주의 이동(移動) 여부에 따라 구분해볼 수 있다. 유물이나 도상자료에 현주의 존재가 뚜렷이 반영된 것도 있기는 하지만, 현주의 위치가 완전한 상태로 발굴된 유물의 예는 흔치 않다. 또 도상자료의 경우라도 몸통과 현의 관계를 표현한 제작기법 및 묘사의 정도에 따라 큰 차이가 있어 해석에 어려움이 따른다.

여섯째, 악기와 인체의 위치관계와 현에 힘을 가하는 방법에 대한 관찰도 중요하다. 이때는 유물악기와 연주모습을 보여주는 도상자료와의 연계연구가 필수적이다. 연주모습을 묘사한 고대의 그림과 조각상, 도용(陶俑), 토우(土偶) 등에서 살필 수 있는 금쟁류 악기는 공통적으로 무릎을 꿇거나 가부좌를 한 상태로 앉아서 연주한다. 이때 악기와 인체의 위치관계는 ① 악기 전체를 무릎에 길게 뉘어놓은 상태(그림 2.3), ② 악기의 머리 부분만을 무릎에 올려놓고, 꼬리 부분은 바닥에 놓은 상태(그림 2.4), ③ 악기 전체를 바닥에 놓은 상태(그림 2.5), ④ 받침대를 사용한 경우(그림 2.6) 등으로 구분할 수 있다. 악기와 인체의 위치관계 및 현에 힘을 사하는 방법은 악기 연주에 직접적인 영향을 끼치는 중요한 요소이다.

한편, 현에 힘을 가하는 방법 중에는 ① 손가락으로 직접 발현(撥絃)하는 경우,

---

80 송혜진, "동북아시아 금쟁류 악기의 현 고정방식 유형에 관한 연구", 한국국악학회 2010년 상반기 학술세미나 발표원고; 송혜진, "동아시아 금쟁류 악기 현 고정방식 유형과 '부들'에 관한 연구", 『한국음악연구』 제47집(서울: 한국국악학회, 2010), 151-167쪽.

〈그림 2.3〉 중국 사천성 성도 출 　〈그림 2.4〉 중국 귀주(貴州) 흥인현(興仁縣) 출토
토 동한시대 주악상 　　　　　　 동한시대 주악상

〈그림 2.5〉 중국 마왕퇴 출토 한대의 취우고슬(吹竽鼓瑟) 주 　〈그림 2.6〉 중국 한대의 주악상
악상

② 술대나 가조(假爪), 활(弓) 등의 도구를 이용하는 경우로 구분된다. 동시에 현에
힘을 가할 때의 양손의 쓰임도 중시되는데 금쟁류 악기는 대체로 오른손으로는
발현을 하고, 왼손으로는 발현한 소리에 변화를 주는 방식으로 연주를 한다.
　일곱째, 악기제작기술에 관한 관찰도 중요하다. 악기의 규격과 정교함의 정도
를 통해 악기제작기술의 수준을 유추하는 것은 악기의 문화적 배경이나 시대를

이해하는 데 결정적인 역할을 한다고 본다. 악기재료의 선택과 제작에 필요한 도구의 사용, 시대상에서 차지하는 악기의 중요도 등을 가늠할 수 있기 때문이다. 이 같은 관찰은 고대악기의 복원을 통해서도 이루어지는데 일본국립극장에서 10여 년 동안 진행해온 '고대악기 복원 사업'의 결과물[81]이 충실한 관찰의 예로 꼽을 수 있다.

여덟째, 시간의 흐름 및 지역적 이동과 정착에 따른 악기 형태의 변화도 주목되는 내용이다. 그동안 한·중·일 여러 학자들은 동북아시아의 금쟁류 악기의 연원과 변화과정에 대해서 풍부한 유물과 도상자료를 근거로 많은 연구를 수행하면서 '자국의 고유한 현악기의 존재'와 '특징'을 밝히는 데 주력하였다. 이 내용 중의 상당 부분이 악기의 존재 사실과 지역적 이동, 변천과정 등을 포함하고 있다.[82]

마지막으로 악기의 사회적, 문화적 기능과 상징적인 의미에 관한 관찰이다. 고대사회에서 악기가 신과의 소통과 관계되는 신기(神器), 또는 왕실 등 특정계층의 보기(寶器)로 인식되던 상황과 이와 관련된 제의성(祭儀性), 의례성(儀禮性)에 초점을

---

81 國立劇場, 『古代樂器の復元』(東京: 音樂之友社, 1994); 이지선, "일본의 고악기 및 음원 복원에 관한 고찰: 일본국립극장의 복원사업을 중심으로", 『동양음악』 제30집(서울대학교 동양음악연구소, 2008), 199-229쪽.

82 김영운, "長川 1號墳 五絃 樂器에 대한 再考察", 『韶巖權五聖博士華甲記念音樂學論叢』(서울: 同간행위원회, 2000), 193-208쪽; 영운, "伽倻琴의 由來와 構造", 『국악원논문집』 제7집(서울: 국립국악원, 1997), 3-29쪽; 주재근, "대전 月平洞 遺蹟 출토 羊耳頭 고찰", 『한국전통음악학』(서울: 한국전통악학회, 2005), 791-813쪽; 주재근, "한국 고대유적 출토 絃樂器의 음악고고학적 연구", 『제9회 동양음악학 국제학술회의자료집』(서울: 국립국악원, 2005); 문재숙, "한국 고대 현악기 연구", 『한국전통음악학』 제3집(서울: 한국전통음악학회, 2002), 101-146쪽; 이진원, "중국 고대 현악기와 가야금", 『仙華金靜子敎授華甲記念 音樂學 論文集』(서울: 同간행위원회, 2002), 511-534쪽; 이진원, "玄琴과 臥箜篌", 『韶巖權五聖博士華甲記念音樂學論叢』(서울: 同간행위원회, 2000), 643-658쪽; 林謙三, 황준연(역), "新羅琴(伽倻琴)의 生成", 『民族音樂學』 제6집(서울대학교음악대학부설 東洋音樂硏究所, 1984); 山口修, "동아시아에 있어서 치터형 악기의 비교: 일본 고토의 (箏) 관점에 기하여(A Comparison of Zither - type Instruments in East Asia - Based on viewpoints from the Japanese Koto)"; 遠藤徹, "新羅琴と日本古代の弦樂器", 『樂聖于勒의 生涯와 大伽倻의 文化』(大邱: 啓明大學校 韓國學研究員, 2006), 286-321쪽; 項陽, "中國弓弦樂器的歷史軌跡之分析", 『第9會東洋音樂學國際學術會議 - 古代韓半島文化交流史 - 樂器를 中心으로』(서울: 국립국악원, 2005), 133-174쪽; 山田光洋, 『樂器의 考古學』(東京: 同成社, 1998), 117-151쪽.

둔 접근이 여기에 든다. 일본 학자 엔도 도오루는 일본에서 '고토'의 어원은 '말'(言)과 통하며, 고토는 '신의 말을 읊기 위한 것'이라는 해석에 동조하면서, 연주기능 외에 신탁 및 왕권과 관련된 고토의 일면을 부각시켜 논의한 바 있다.[83] 엔도 도오루는 일본 고대의 '와곤'이 헤이안 시대 이후로 연주용 악기의 기능을 상실하고 제의 및 의례용 악기로 역할이 한정된 측면에 주목하였다.

이상의 악기론 및 동북아 고대 현악기 연구방법론의 관점 중 백제금동대향로의 주악상에 적용할만한 항목으로는 ① 악기의 크기, ② 악기의 몸통 구조, ③ 악기의 몸통 모양, ④ 현의 수, 길이, 재료, 장력, ⑤ 현과 몸통의 연결, ⑥ 악기와 인체의 위치관계 및 현에 힘을 가하는 방법, ⑦ 악기제작기술, ⑧ 악기의 변화(시간의 흐름 및 지역적 이동과 정착에 따른), ⑨ 악기의 사회적, 문화적 기능과 상징성 등을 꼽을 수 있다.

이밖에도 일본 고대유물 하니와[埴輪]의 중 현악기를 조사한 연구보고서에는 33종의 자료를 중심으로 ① 출토지, ② 제작연대, ③ 크기, ④ 두부(頭部)의 형태, ⑤ 미단(尾端)의 형태, ⑥ 현의 구멍[絃孔], ⑦ 현수, ⑧ 판의 구조, ⑨ 현주(絃柱), ⑩ 연주법, ⑪ 탄금인물상의 성별과 복식, ⑫ 탄금인물상의 사회적 신분 등으로 구분하여 세밀하게 기술하고 있다.[84]

이상의 악기학적 연구 및 동북아시아의 고대 현악기 연구관점은 백제금동대향로의 금쟁류 현악기의 성격을 파악하는 기본지침으로 참고가 될 것으로 판단된다. 다만, 백제금동대향로의 금쟁류 악기의 경우, 주악상에 표현된 내용이 간략하고, 이와 유사한 실물 악기유물 및 도상자료가 전무하기 때문에 위에서 예시한 여러 항목을 모두 적용할 수 없다는 한계가 있다. 따라서 본고에서는 먼저 주악

83　『古事記』의 신화 중 「大國主神」(오오구니 누시노가미) 이야기의 소재는 '天の沼琴'(아메노 누고토)이다. 아들이 아버지에게 천금을 빼앗아 도망가는 이야기이다. '天の沼琴'은 접신에 사용된 주술도구이며 동시에 종교적인 지배권을 상징하는 것으로 풀이되고 있다. '天の沼琴'은 고형의 화금(和琴)이며, 이것이 한반도에서 전래한 악기일 것이라는 의견이 있다.

84　宮崎まゆみ, 『埴輪の樂器』(東京: 三交社, 1993).

상이 연주하고 있는 금쟁류 현악기에 주목하여 ① 악기의 크기, ② 악기의 몸통 구조와 모양(두부와 미단의 형태), ③ 현의 구멍, ④ 현의 수, ⑤ 현의 고정방식, ⑥ 현주, ⑦ 연주법, ⑧ 탄금인물상의 성별과 복식, ⑨ 악기의 사회적, 문화적 기능과 상징성 등을 고대 동북아시아의 유사 현악기와 비교하면서 살펴보고자 한다.

3) 백제금동대향로의 금쟁류 현악기의 악기학적 개요

(1) 악기의 크기

백제금동대향로의 금쟁류 악기의 크기는 정확히 알 수 없다. 고대악기 연구방법 중에 인물주악상의 악기 크기를 추산할 때 인체비례를 고려하는 것이 일반적인데 국립국악원 악기연구소에서는 3D 스캐닝으로 금쟁류 현악기의 크기를 측정하여 길이 약 41.38mm, 최대폭 약 7.36mm를 얻었고, 이를 인체비례로 환산하면 길이 1,103mm, 최대폭 194mm라고 발표하였다.[85] 국립국악원에서 유추한 백제금동대향로의 길이는 일본 정창원 소장 금쟁류 현악기보다는 짧으며, 오히려 기원전 2세기부터 5세기경에 출토된 중국의 금ㆍ슬 유물 및 일본의 고대 와곤류의 크기와 유사하다. 일본국립극장의 고대악 복원과정[86]에서 환산한 금쟁류 악기의 크기를 참고로 제시하면 〈표 2.1〉과 같다.

〈표 2.1〉의 내용을 참고하면 백제금동대향로의 금쟁류 악기는 1.5m 이상의 쟁ㆍ가야금ㆍ왜금(倭琴)류보다 길이가 짧고 고대의 고토보다는 길며, 중국의 기원

---

85 국립국악원 악기연구소에서는 백제금동대향로 오악사의 인체와 악기의 관계를 '완함'을 기준으로 환산하였다. 일본 정창원 소장 완함 유물악기의 울림통은 직경이 39.6cm로『악학궤범』소재 월금의 직경 36.3cm보다 크다. 연구소 측은 이를 고려하여 백제금동대향로의 완함 울림통의 직경을 37.4cm로 정하고, 이를 기준으로 오악사가 연주하는 악기의 크기를 다음과 같이 환산하여 복원제작에 적용하였다고 한다. 이에 근거한 내용이 "백제금동대향로 오악사 악기 및 두발ㆍ복식",『국악기 연구보고서』(서울: 국립국악원, 2010), 8-65쪽에 실려 있으며, 이의 근거가 되는 상세한 내용은 국악기연구소의 정환희 연구원을 통해 제공받을 수 있었다(국악기연구소와 정환희 연구원께 감사드립니다).

86 國立劇場,『古代樂器の復元』(東京: 音樂之友社, 1994).

〈표 2.1〉 10세기 이전 현악기 현수 및 크기 비교

종류	제작국	연대 및 출토지	현수	길이와 넓이(단위: mm)			
				길이	최대폭	두부	미단
金銀平文琴	중국	814 또는 735	7현	1140	138	110	116.5
七絃樂器	미상	미상	7현	1210	184	184	181
箏	일본	832-856	13현	1910	295	210	255
倭琴	일본	미상[87]	6현	2088	230	187	230
五絃琴	중국	증후을묘출토 (B.C. 5C)	5현	1150	68	38	35
瑟	중국	마왕퇴 1호분 (B.C. 2C)	25현	1166	371	371	371
고토	일본	兵庫縣(고대)	6현	600	102	50	102
鴟尾琴	일본	福崗縣 외(고대)	6현	2062	335	228	335

전 악기인 오현금과 슬, 당 시대의 칠현금 길이와 비슷하다는 점을 알 수 있다.

(2) 악기의 몸통 구조와 모양

악기의 몸통 구조는 금이나 쟁류처럼 긴 장방형에 가깝지만, 머리와 꼬리 부분이 몸통 중간부에 비해 좁고, 중간부가 불룩하게 퍼져 있으며, 좌우대칭도 맞지 않는 부정형(不定形)이다. 현침 부분에 비해 미단 부분이 좁다. 이와 같은 몸통의 구조와 모양은 위의 표에 예시로 든 정창원 소장 금쟁류 악기 및 중국 고대유물에서 찾아볼 수 없는 독특한 경우다. 대부분의 10세기 이전 금쟁류 악기는 장방형, 또는 장방형의 부분 변형으로 현재의 금쟁류 악기에 가깝다. 단, 유물 및 하니와[埴輪]의 주악인물상이 연주하는 일본 고대의 와곤이 전형적인 금쟁류 악기 울림통과 차이가 있는데, 이 중에는 현침과 현미의 넓이가 두 배정도 차이가 나는 경우도 있다. 그러나 이 경우도 상부에서 하부로 점진적으로 넓어졌기 때문에

---

87   고분시대(古墳時代, A.D. 250-552)의 출토품과 비슷한 모양이다.

울림통의 중간 부분이 불룩한 백제금동대향로의 현악기와는 차이가 있다. 한편, 10세기 이전의 금쟁류 현악기는 현침이 있는 두부와 미단의 형태가 각각 다르다. 두부가 좁고 미단이 넓은 형[88], 미단에 새의 꼬리와 같은 장식이 붙어 있는 형[89], 부들을 이용해 양이두에 줄을 매는 형[90], 미단에 현예(絃柄)를 부착하여 줄을 매는 형[91]으로 세분되는데, 백제금동대향로의 금쟁류 현악기는 차이가 있다. 뿐만 아니라 울림통의 판은 판자 모양의 몸통으로 구유 모양이나 막대 모양의 공명통과도 다르다. 즉, 백제금동대향로의 금쟁류 악기는 울림통의 구조와 모양 면에서 유사한 예를 찾아보기 어려운 이형(異形)이다.

(3) 현의 구멍과 현수

현의 구멍은 현수와 현의 간격 등을 알게 해주는 중요한 요소이다. 그러나 백제금동대향로의 현악기 경우 현의 구멍 위치나 간격, 구멍 수 등을 전혀 알 수 없다. 백제금동대향로의 현악기에 새겨진 현의 수는 2현 또는 3현으로 보인다.[92] 백제금동대향로의 현악기에 현이 모두 다 표현된 것인지, 생략된 것인지는 알 수 없다. 다만 몸통의 너비에 비해서 현수가 적어 보이며, 동북아시아 금쟁류 악기

---

88 일본 고대 와곤.

89 일본의 고대 치미형(鴟尾形) 와곤.

90 한국의 가야금, 거문고 밀 일본의 고대 와곤 일부.

91 중국 호남(湖南)성 장사(長沙)에서 발굴된 서한시대(西漢時代)의 마왕퇴(馬王堆) 무덤(B.C.180년대)에서 나온 슬은 기원 전후 시기에 정착된 전형적인 슬의 형태로 인정받고 있다. 마왕퇴 출토 슬의 길이는 116cm, 넓이 39.5cm, 몸통의 높이 10.8이며, 현수는 25현이다. 공명통의 앞판과 뒤판을 상자식으로 붙이고 머리와 끝 부분에 25개의 구멍을 뚫어 줄을 고정시킨 다음, 꼬리 부분에 네 개의 현예를 부착하여 줄을 묶었다. 뒤판의 머리 부분과 꼬리 부분에 작은 구멍을 뚫었을 뿐 공명을 위한 몸통의 구멍은 없다. 이동형의 현주가 있다. 마왕퇴 이전의 슬 유물 중 중국 호북성(湖北省) 수주시(隨州市)에서 발굴된 증후을묘(B.C. 433)에서는 모두 12점의 슬이 출토되었는데, 25현의 줄 구멍이 있고, 꼬리 부분의 현예(4개)를 이용해 줄을 매었다. 『中國音樂史』 참조.

92 주악상에서 표현된 현의 수가 실제로 어떤 의미를 띠고 있는지는 별도의 논의가 필요하다고 보지만, 가시적으로 확인되는 현의 수가 셋이라는 뜻이다. 국립국악원 국악기연구소에서는 '거문고'의 예에 따라 6현으로 추정하였는데 왜 거문고의 예에 따랐는지 구체적인 설명은 생략되어 있다.

의 현수가 5현 · 6현 · 7현 · 12현 · 13현 · 25현인 점에 비해서도 적은 편이다. 한편 고대유물 및 도상자료 등에는 4현 미만의 현수를 가진 악기의 사례도 적지 않은데 특히 일본 하니와 유물에 표현된 금쟁류 현악기 18종 중 4현은 11건, 5현은 6건, 6현은 1건으로 조사되었으며, 이 중에서 6현은 시기적으로 좀 늦은 편인 6세기 중반의 출토유물로 추정된 바 있다.[93] 한편, 국립국악원 악기연구소에서 추정한 백제금동대향로의 금쟁류 현악기의 폭은 정창원 소장 칠현금과 같은데, 이 점을 고려한다면 이 악기에 7현 이상이 걸렸을 것으로 보기는 어려울 듯하다. 반대로 울림통의 폭을 다 이용하지 않고 적은 수의 줄을 맨 사례도 있으므로 울림통의 폭만 가지고 현의 수를 짐작하는 데는 무리가 있다.

(4) 현의 고정방식

현을 몸통에 어떻게 연결하였는지는 알 수 없으며, 현을 걸기 위한 부가장치도 보이지 않는다. 일반적으로 금쟁류 악기의 몸통에 줄을 연결할 때는 현침 부분과 미단 부분에 현공을 뚫어 현을 고정시킨다. 악기에 따라 현을 고정시키기 위한 방법과 부가장치가 차이가 있다.

일본 정창원 소장 칠현금은 현침 부분에 구멍을 뚫어 돌괘로 고정시키고, 현에 끈을 연결하여 고정시킨 다음, 미단 부분에서 현을 모아 공명통 뒷부분에 부착된 고정장치[94]에 묶었다. 정창원 소장 칠현악기는 미단 부분에 줄감개 부분[絃藏, pegbox]을 부착하고, 조이개[peg]를 부탁하여 줄을 조이도록 되어 있으며, 쟁은 두부와 미단에 각각 현침을 부착하고, 줄을 고정시킨 다음 여분의 줄을 길고 넓직한 미단 부분 위에 올려놓는 구조이다. 왜금은 미단 부분을 톱니처럼 재단하고, 사이사이에 줄을 고정시켰으며, 줄에 끈을 묶어 미단 부분에 고정시켰다.

현과 몸통의 연결방법으로 볼 때 백제금동대향로는 부들을 이용해 줄을 매는

---

93   宮崎まゆみ, 『埴輪の樂器』(東京: 三交社, 1993), 77-79쪽.
94   이것을 안족(雁足)이라고 한다. 가야금의 안족과 명칭은 같지만 모양과 개념이 다르다.

가야금류, 현예를 이용해서 줄을 고정하는 슬류, 두부와 미단에 특별한 기법을 부가한 고대 왜금(倭琴)류, 부두와 미단에 현침을 부착하여 줄을 고정시킨 다음 여분의 줄을 울림통 위에 올려놓은 쟁류, 현침 부분에 줄을 고정하여 끈을 연결하고 미단 부분에서 집현(集絃)하여 울림통 뒷부분에 줄을 고정시키는 금류와 공통점을 찾아보기 어렵다. 즉, 위에 열거한 여러 가지 동북아시아 금쟁류 악기의 범주에 들지 않는다.[95]

(5) 현주

금쟁류 악기의 몸통에 현을 걸고 연주하기 위해서는 보통 현주, 또는 괘(椊)를 이용하거나, 지판(指板, 徽)을 이용한다. 고대의 현악기 중에는 현주, 괘, 지판없이 현의 장력(張力)만을 이용해 연주하는 경우도 있고, 현주의 모양이 후대 현악기보다 단순한 예를 보여준다. 그런데 백제금동대향로의 경우 현주 및 지판 등이 전혀 표시되어 있지 않다. 이 점을 두고 기존의 일부 연구에서는 동북아시아 현악기 중 현주 없이 지판을 이용해 연주하는 '금'(琴)과 연관 지어 해석한 바 있다. 그런데 백제금동대향로의 다섯 가지 악기 중 월금처럼 생긴 류트(lute) 계열의 악기에도 괘의 표현이 생략되었다는 점을 고려해보면, 현주의 '유무'(有無)가 향로 제작과정의 문제일 가능성도 배제할 수 없다. 따라서 이 현악기에 현주, 또는 괘가 없다고 단정 지을 수는 없으며, 또한 어떤 현주를 사용했는지도 추정하기는 어렵다.

(6) 연주법

백제금동대향로의 금쟁류 현악기 연주자는 앉은 자세로 금쟁류 현악기를 무릎 위에 올려놓고 양손으로 탄주하는 모습이다. 오악사 중에는 무릎을 꿇은 형태도 있지만, 금쟁류 현악기 연주자는 가부좌를 한 것처럼 보인다. 악기는 복부와 대

---

95 군이 위의 예 중에서 가장 근접한 형태를 추정하자면 금과 가장 가깝다. 국립국악원 악기연구소에서도 이 방법으로 재현하였다.

퇴부 사이에 걸쳐놓아 악기의 윗부분이 바깥을 향하고 있으며, 악기를 안고 앉은 자세는 안정적으로 보인다. 연주자는 양손을 악기 위에 올려놓고 있는데, 두 손 모두 가운데 배가 불룩하게 나온 부분에 놓여 있다. 오른손 손가락은 분명하게 보이지 않아서 술대를 손에 쥐고 있는지, 손가락으로 발현하는지 잘 알 수가 없으며, 오른손이 탄주하는 줄과, 왼손이 놓여 있는 위치는 달라서 마치 두 줄을 동시에 울리는 것처럼 보인다. 이와 같은 연주자세는 고대의 금쟁류 현악기 연주모습과 유사하다. 이 동작이 실제 연주자세로서 의미 있는 것인지, 인물상 제작과정에서 보편적으로 채택된 표현기법인지는 알 수 없다. 한편, 금쟁류 현악기 주악상은 다른 악사들과 달리 입 벌린 모양이 약간 다르다. 금을 연주하면서 노래를 부르고 있는 것처럼 보이기도 한다. 고대의 공연양식 중 금쟁류 악기를 연주하며 노래 부르는 금가(琴歌)의 형태를 고려해본다면, 유추 가능한 부분이라고 판단된다.

(7) 연주자의 성별과 복식

금쟁류 현악기 연주자를 포함한 백제금동대향로 주악상의 성별과 복식의 특징에 대해서는 다수의 연구가 발표되었고,[96] 이의 연장선상에서 국립국악원 악기연구소에는 성별과 복식을 정리한 바 있다. 이 중에서 금쟁류 현악기 주자는 여성이며, 유(襦)·상(裳)·포(袍)·대(帶)를 갖춘 것으로 추정되었다. 이 문제는 중국과 일본의 고대 도상자료 중 다양한 주악인물상의 성별과 복식 비교를 통해 더욱 상세한 논의가 가능하다고 본다.

---

96 서미영, "百濟 服飾의 硏究", 충남대학교 대학원 박사학위논문, 2003; 서미영 · 박춘순, "백제금동대향로 주악상 복식 연구", 『한국의류산업학회지』 제6호(서울: 한국의류산업학회, 2004), 61-70쪽; 라선정 · 김병미, "百濟金銅大香爐에서 본 奏樂像 服飾", 『한국의상디자인학회 학술대회자료집』(서울: 한국의상디자인학회, 2009), 128-132쪽.

(8) 악기의 사회적, 문화적 기능과 상징성

금쟁류 현악기를 포함한 오악사의 존재양상에 대해서는 기존의 여러 연구가 있었다. 노종국 외 여러 학자들의 연구에서는 공통적으로 향로가 국가의 제의(祭儀)에 사용되었다는 점,[97] 향로에 표현된 세계가 도교와 불교가 융합되어 표현되었다는 점 등이 중요한 상징으로 제시되었다. 금쟁류 현악기의 사회적, 문화적 기능 및 상징성도 크게 이 범주 안에서 이해될 수 있을 것이다.

백제금동대향로의 성격과 특징

본고에서는 백제금동대향로의 금쟁류 현악기에 대한 기존의 연구를 보완하고, 보다 객관적인 체계 안에서 성격과 정체성을 규명해보고자 악기학적인 연구관점과 동북아시아 금쟁류 현악기의 연구방법론을 적용하여 다음과 같은 결론을 얻을 수 있었다.

첫째, 악기의 크기는 길이 110cm 내외, 폭 20cm 내외로 추정되었는데, 이는 150cm 이상의 길이를 가진 쟁류 악기보다 110cm 내외의 금류 악기에 가깝고, 6세기 이전의 고대유물 및 도상자료에서 보이는 고형의 악기와 유사하다.

둘째, 악기의 몸통 구조와 모양은 긴 장방형이기는 하나 보편적인 금쟁류 악기와 다르며, 이와 유사한 예를 찾아보기 어려운 이형이다. 울림통은 하나의 판으로 이루어져 상자식, 혹은 구유 모양으로 된 금쟁류 악기와 차이가 있고, 막대 모양의 공명통과도 다르다.

97 　노종국, "泗沘도읍기 백제의 山川祭儀와 百濟金銅大香爐", 『계명사학』 제14집(대구: 계명사학회, 2003), 1-35쪽; 권오영, "백제금동대향로에 내재된 사상적 배경", 국립국악원주최세미나자료집, 『백제금동대향로 악기의 성격』(서울: 국립국악원, 2009), 12-18쪽.

셋째, 현의 구멍은 미상이며, 현의 수는 2~3현으로 표현되어 있는데, 울림판의 폭에 비해 현의 수가 적다. 본래 적은 것인지, 적게 표현된 것인지는 알 수 없지만, 울림판의 폭에 걸린 현의 수를 금과 비교했을 때 7현 이하로 추정된다.

넷째, 현의 고정방식은 여러 금쟁류 악기 중에서 금에 가장 가깝고, 다섯째, 현주는 표현되어 있지 않은데, 본래 없었던 것인지, 표현이 되지 않은 것인지는 알 수 없다. 여섯째, 연주법은 가부좌 자세로 앉아 울림통을 무릎에 올려놓고 양손을 울림통에 올려놓은 자세이다. 고대 금쟁류 현악기 연주법에서 흔히 볼 수 있는 형태다. 일곱째 주악인물상은 여성으로 추정되며 복식은 유(襦), 상(裳), 포(袍), 대(帶)를 갖추었다. 여덟째 금쟁류 현악기는 백제금동대향로의 다른 주악상과 마찬가지로 도교와 불교가 융합된 사상적 배경 및 제의적인 성격을 띠고 있는 것으로 볼 수 있다.

따라서 이와 같은 특징을 정리하면, 백제금동대향로의 금쟁류 현악기는 유례를 찾아볼 수 없다는 점에서 백제의 지역성을 반영한 '고유' 현악기로 정의할 수 있다. 악기의 크기와 울림통의 구조, 현의 고정방법을 고려해볼 때 악기의 계통은 금쟁류 현악기 중에서 '금'에 가깝고, 시기적으로는 6세기 이후 금쟁류 현악기가 오늘날과 같은 형태로 변천하기 이전 단계의 고형(古形)의 모습을 보여준다.

이를 근거로 거문고나 가야금과 다른 종류의 '금'을 명명할 수 있겠는데, 섣부른 단정은 위험하지만, 이 악기 명칭의 대안으로 '백제금', 또는 '한금'(韓琴)을 제안하고자 한다. '백제금'은 '신라금', '가야금'의 경우처럼 악기의 발생 및 전승지와 현악기를 결합시키는 방법이다. 다만, 백제금은 일본의 고대문헌에서 '공후'(箜篌)라고 명명되어 '구다라고도'로 발음되고, 이 악기의 실체가 고구려의 거문고와 유사하다는 설, 또는 앗시라안 아프계열의 악기와 관련 있다는 설 등이 있으므로, 이와의 관계 설정 및 규명이 과제로 남는다.

한편, '한금'이라는 명칭은 국내 학계에 다소 생소하지만, 2009년 엔도 도오루의 논문을 통해 일본의 고대음악 관련 문에 기록된 백제의 현악기 명칭이다. 일본 문헌 『令集解』의 〈古記〉에 백제, 고구려, 신라의 악사들을 소개한 항목이 있

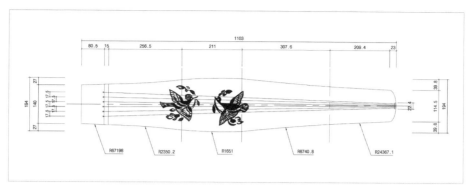

〈그림 2.7〉 백제금동대향로 현악기 재현 도면

자료: 국립국악원 악기연구소, 2010.

는데 이 중에서 백제악사 중에는 '韓琴師 一人 大理須古'라고 소개된 부분이 있다. 이는 신라악사의 금 연주자를 '琴師'라고 소개한 것과 차이가 있으며, 더욱이 작은 글씨로 '大理須古'라고 부연한 점이 특이하다. 이는 『유취삼대격』(類聚三代格)의 '가승(嘉承) 원년(848) 9월 22일 태정관부(太政官符)' 항에 백제악생을 소개한 '다리지고'(多理志古)와 유사하다. 이에 대하여 일본 학자는 '대리수고', 혹은 '다리지고'는 모두 고대 한국어를 음사한 것으로 생각되는데 도대체 무엇을 의미하는지 알 수 없으며, 한국학자들의 교시를 받고 싶다는 의견을 밝히고 있다.[98] 이에 대해서는 고대 언어학자들의 견해를 참고하여 숙고해볼 주제이지만, 우선 '大理須古', 혹은 '多理志古'는 끝 글자인 '古'가 고대 현악기를 가리키는 명칭 '고'로 해석하는 데는 무리가 없을 듯하다. 또 '대리', 또는 '다리'는 일본어로 'たり'(ta-ri)로 발음되며 에 해당하며, '수', 혹은 '지'는 'たり'에 붙는 조사이고, 'たり'는 '한'(韓)의 백제식 발음이라고 생각된다. 즉, '大理須古', 혹은 '多理志古'는 '한금'(韓琴)이고, 이 악기가 백제악에 포함되어 있다는 점은 백제금동대향로의 명칭을 '한금'으로 제안할 근거가 될 만하다고 본다. 이에 대해서는 기회가 닿는 대로 보충 연구해보기로

---

98 엔도 도오루, 앞의 논문.

하겠다. 따라서 기존에 백제금동대향로의 금쟁류 현악기를 '거문고', '쟁' 또는 중
국의 금류로 명명한 연구는 재고를 요하며, 그 대안으로써 '백제금', 또는 '한금'을
제안하고자 한다.[99]

---

99 본 연구는 2009년 국립국악원이 주최한 "백제금동대향로 악기의 성격" 세미나에서 발표 이후
    국립국악원 국악연구실의 이숙희 학예연구관, 이윤주 학예연구사, 정환희 연구원, 한국학중앙
    연구원의 조경철 박사, 중부대학교의 윤양노 교수, 숙명여대 이지선 교수, 전 서울교대 조용진
    교수 등이 참여한 연구모임을 통해 논의한 내용들이 일부 포함되었다. 8개월여 진행된 TF의 성
    과 중 악기 및 복식 재현의 결과가 2010년에 간행된 국립국악원의 『국악기 연구보고서』에 실려
    있는데, 이 내용 중의 금쟁류 현악기 부분은 본 연구내용과 완전히 일치하지는 않는다. 본 연구
    에서는 인체비례 및 완함을 기준으로 적용한 악기의 크기와 연주자의 성별, 복식 부분에 대해서
    만 참고하였다.

참고문헌

국립국악원.『국악기 연구보고서』. 서울: 국립국악원, 2010.

國立劇場.『古代樂器の復元』. 東京: 音樂之友社, 1994.

郡司すみ. "樂器の Typology".『音樂研究所年譜』제7집. 東京: 國立音樂大學, 1987.

宮崎まゆみ.『埴輪の樂器』. 東京: 三交社, 1993.

권오영. "백제금동대향로에 내재된 사상적 배경". 국립국악원 주최 세미나 자료집『백제금동대향로 악기의 성격』. 서울: 국립국악원, 2009.

노종국. "泗沘도읍기 백제의 山川祭儀와 百濟金銅大香爐".『계명사학』제14집. 대구: 계명사학회, 2003.

라선정 · 김병미. "百濟金銅大香爐에서 본 奏樂像 服飾".『한국의상디자인학회 학술대회 자료집』. 서울: 한국의상디자인학회, 2009.

山田光洋.『樂器の 考古學』. 東京: 同成社, 1998.

山田光洋.『樂器の 考古學』. 東京: 同成社, 1998.

서미영. "百濟 服飾의 研究". 충남대학교 박사학위논문, 2003.

서미영 · 박춘순. "백제금동대향로 주악상 복식 연구".『한국의류산업학회지』제6호. 서울: 한국의류산업학회, 2004.

송방송. "金銅龍鳳蓬萊山香爐의 百濟樂器攷".『韓國學報』제21호. 서울: 일지사, 1995.

_____. "백제 악기의 음악사학적 조명",『韓國音樂史學報』제14호. 서울: 한국음악사학회, 1995.

송혜진. "국악기 연구의 주제와 방법론: 국악 연구현황과 전망을 중심으로".『한국음악사학보』제32권. 서울: 한국음악학회, 2004.

_____. "동아시아 금쟁류 악기 현 고정방식 유형과 '부들'에 관한 연구".『한국음악연구』제47집. 서울: 한국국악학회, 2010.

신옥분 · 장익선. "오종(五種)악기와 향로의 상징에 대한 고찰: 백제금동대향로를 중심으로".『한국음악사학보』제41집. 서울: 한국음악사학회, 2007.

遠藤撤. "新羅琴と日本古代の弦樂器".『악성 우륵의 생애와 대가야의 문화』. 대구: 계명대학교 한국학연구원, 2006.

이종구. "백제금동대향로 주악 조소상 악기 명칭에 대한 연구".『음악논단』제21집. 서울: 한양대 음악연구소, 2007.

이지선. "일본의 고악기 및 음원 복원에 관한 고찰: 일본국립극장의 복원사업을 중심으로".『동양음악』제30집. 서울: 서울대학교 동양음악연구소, 2008.

전인평. "금동향로의 다섯 국악기, 천년의 정체를 밝힌다".『객석』6월호. 서울: (주)예음, 1994.

주르네비에브 두르동, 박미경(역). "악기학(Organology)".『음악과 문화』제2호. 대구: 세계음악학회, 2000.

中國藝術研究院 音樂研究所.『中國音樂史』. 北京: 人民音樂出版社, 1988.

項陽. "中國弓弦樂器的歷史軌跡之分析".『第9會 東洋音樂學國際學術會議-古代韓半島文化交流史-樂器를 中心으로』. 서울: 국립국악원, 2005.

3

백제 음악의 음고 추론: 기본음의 양상

서인화 (국립국악원 학예연구관)[100]

들어가는 말

백제, 좁게는 백제금동대향로가 제작된[101] 사비시대(538-660) 음악의 음고에 대한 추론은 기본음에 대한 논의로부터 시작할 수 있을 것이다. 그러나 백제시대 음악의 기본음에 대해 정확하게 말할 수 있는 자료는 없다.

현재 한국 궁중음악의 기본음은 12율의 첫 음인 황종(黃鐘)으로 인식되고 있으며,[102] 조선시대 기본음의 경우에는 『악학궤범』(1493)의 황종 율관(律管) 기록과 『경국대전』(1485)의 도량형 기록 등이 있어 황종의 음고를 확인할 수 있는 근거를 제

---

100 이 글에서 사용한 음고 계산, 수식 등은 국립국악원 악기연구소 정환희 연구원이 담당하였다.

101 송방송, "제5절. 백제의 음악과 무용", 제1장 백제의 문화, 『백제문화사대계 연구총서12, 백제의 문화와 생활』(공주: 충청남도역사문화연구원, 2007). 206쪽.

102 남상숙, "한국 전통음악의 기본음에 대한 사적 고찰", 『국악원논문집』(서울: 국립국악원, 1990), 145-157쪽.

공해준다. 또한 궁중에서 사용하던 편종, 편경 등 유율타악기가 국립국악원과 고궁박물관 등에 소장되어 있고, 대금 등 악기의 치수가 『악학궤범』에 실려 있어 당시 기본음의 음고를 추정할 수 있다. 이러한 자료를 근거로 2008년 국립국악원 악기연구소에서는 『악학궤범』 대금의 음고를 추정했다.[103] 물론 이러한 조선시대 기본음 연구는 척도, 율관(律管)을 부는 방법, 율관의 재료 등 정보의 부족과, 편종과 편경의 산화로 인한 음고 변화 가능성 등으로 인해 많은 한계를 안고 있다.

그러나 과거를 훨씬 더 거슬러 올라가는 백제의 경우에는 율관에 대한 기록이나 고정된 음고를 내는 유율타악기, 관악기가 남아 있지 않아서 그나마도 짐작조차 하기 어려운 상황이다. 그런데 『통전』(通典)과 『북사』(北史)에는 백제 악기로 지(篪), 우(竽), 적(笛) 등이 소개되어 있고, 백제금동대향로에는 세로 부는 적(笛)과 배소(排簫) 등 관악기가 조각되어 있다. 이 중 지는 지금까지 남아 국악기 중 아악기로 사용되고 있고, 우는 『악학궤범』에 수록되어 있으며, 적은 당적(唐笛) 등의 형태로 남아 있고, 배소(排簫)는 고구려벽화 등에 나타난다. 그러나 이 백제 관련 문헌과 유물에 나오는 관악기들이 중국이나 한국에 남아 있는 같은 명칭의 악기들과 동일한 형태였는지는 알 수 없다. 그러나 이 관악기들이 현재 동일 명칭의 악기에 비추어 적어도 일정한 음고를 가진 악기였다면, 백제 음악에도 기본음이 있었을 가능성을 가정해볼 수 있다.

그리고 무엇보다 중국문화권에서는 고대로부터 악률을 척도의 근본으로 인식해왔는데, 관련 유물로서 백제의 자가 출토되었고, 백제능사(陵寺) 등 유적지와 백제금동대향로 등 유물로부터 척도가 추정되어왔으므로 이것을 근거로 백제의 악률, 기본음의 음고를 추정할 수 있을 것이다. 또한 중국 및 왜(倭) 등 인접국가와 국제적으로 많은 대외교섭을 가졌던 백제가 특히 많은 음악적 영향을 미친 일본

---

103 이숙희, "『악학궤범』 당시 향악기 음고와 (영조척의) 짧은 길이, 중간 길이, 가장 긴 길이의 세 가지를 모두 적용하여 실험해본 결과 척도의 해석에 따라 음고의 가변성이 컸다. 275mm로 해석할 경우 (대금의) 황종 음고가 d에 가까웠고, 308mm로 해석할 경우 황종 음고가 c#에 가까우며, 344mm로 해석했을 경우 b♭에 가까웠다." 『2008 국악기 연구보고서』(서울: 국립국악원, 2008), 10쪽.

에서 고려악이 연주되고 있어 이를 참고할 필요가 있다.

이러한 백제시대 음고의 추론은 불확실성의 한계를 안고 있다. 즉, 현재 궁중음악의 기본음으로 다루어지는 황종을 포함하여 12율로 가락을 적는 악보인 율자보(律字譜)가 고려시대에 아악과 함께 들어왔으므로 적어도 고려시대 사람들은 황종이라는 기본음의 개념을 가지고 있었다고 상상할 수 있지만, 그보다 훨씬 이전 백제시대에 황종과 같은 기본음 혹은 황종척의 개념이 있었는지는 알 수 없기 때문이다.

그런데 이혜구의 연구에 따르면 삼국시대에 중국으로부터 아악은 들어오지 않은 상태지만, 이미 당악은 존재했던 것으로 볼 수 있다.[104] 필자는 이혜구가 일본에 전해진 백제악의 횡적, 군후, 막목 등의 악기는 향악기이고, 중국문헌에 소개된 악기들은 당악기였을 것으로 보는 이러한 견해에 동의하면서, 백제악 기본음의 존재를 추론해보았다. 더 나아가서 현재 궁중음악의 향악과 당악의 기본음 음고가 각각 황종 E^b과 C로 서로 다른데 백제시대에는 어떠했을까 알아보았다.

이 글에서는 백제시대 척도에 따라 기본음의 높이를 예측하고, 일본 고려악의 음고를 참고하여 백제시대 기본음의 양상을 추정해보고자 한다.

기본음의 정의와 황종

1990년 국립국악원 '한국전통음악의 기본음'에 대한 학술회의에서 황병기는 기본음을 "음계에서 상대적인 음정 관계에 있는 음들 중 어느 특정음의 높이를 일정

---

104 이혜구, "일본에 전하여진 백제악", 『한국고대음악의 전개양상』(서울: 한국예술종합학교, 2000), 482-483쪽.

한 진동수를 지닌 고정된 음, 즉 절대음(absolute pitch)으로 정할 경우, 이 정해진 음을 '표준고도(高度)' 또는 '표준기본음'(standard pitch)" 이라고 정의한 바 있다.[105]

위의 정의에 따른 한국 궁중음악의 기본음은 앞서 밝혔듯이 대개 12율, 즉 황종, 대려, 태주, 협종, 고선, 중려, 유빈, 임종, 이칙, 남려, 무역, 응종의 첫 음인 황종을 가리킨다. 이 황종의 음을 내는 관(管), 즉 황종 율관을 기준으로 한 도량형의 단위가 『한서』(漢書) 「율력지」(律曆志)에 처음으로 나타난다.[106] 이 「율력지」에 따르면, 예로부터 길이의 표준은 황종 율관(律管)의 길이였으며, 그것은 90분(分), 즉 9촌(寸), 0.9척(尺)이다. 이처럼 황종(黃鐘) 율관의 길이를 어떤(혹은 모든) 길이를 재는 척도로 삼는 것을 황종척이라고 한다. 『서경』(書經) 「순전」(舜典)에는 순임금이 이러한 율(律)과 도량형을 통일하였으며[107] 동률도량형(同律度量衡)이라고 되어 있는데, 이것은 도량형의 표준과 음악의 표준음 높이가 일치한다는 것으로 해석된다.[108]

그러나 과연 백제시대에 사람들이 이러한 황종 등 율에 대한 개념을 가지고 있었을까? 백제는 근초고왕 27년(372) 동진(東晉)과 통교하기 시작한 뒤 송(宋), 제(齊), 양(梁), 진(陳) 등 남조와 활발한 교섭을 전개하고, 북위와 북제 등 북조, 이후 수, 당나라와도 적극적인 외교를 펼쳤다.[109] 특히 백제금동대향로가 제작되었으리라고 추정되는 사비시대에는 양나라에 사신을 보내고 이후 진, 북제, 북주, 수, 당과도 외교관계를 맺었다.[110]

---

105 황병기, "현행 국악의 기본음", 『국악원논문집』(서울: 국립국악원, 1990), 158쪽.

106 서오선, "제2절. 백제의 도량형", 제3장 생산활동과 교역, 『백제문화사대계 연구총서 11, 백제의 사회경제와 과학기술』(공주: 충청남도역사문화연구원, 2007), 246쪽.

107 김병훈, 『율려와 동양사상』(서울: 예문서원, 2004), 19쪽.

108 박흥수, "도량형", 『한국민족문화대백과사전』 권6(성남: 한국정신문화연구원, 1989), 788-795쪽.

109 이기동, "제3절. 해상을 통한 활발한 대외교섭", 제1장 백제사의 특성, 『백제문화사대계 연구총서 1, 백제사총론』(공주: 충청남도역사문화연구원, 2007), 43쪽; 권덕영, "제1절. 대외교역 활동", 제3장 생산활동과 교역, 『백제문화사대계 연구총서 11, 백제의 사회경제와 과학기술』(공주: 충청남도역사문화연구원, 2007), 235-236쪽.

110 서영수, "제1절. 남북조와의 관계", 제2장 중국과의 관계, 『백제문화사대계 연구총서 9, 백제의 대외교섭』(공주: 충청남도역사문화연구원, 2007). 216-224쪽; 신형식, "제2절. 수·당과의 관계", 제2장 중국과의 관계, 『백제문화사대계 연구총서 9, 백제의 대외교섭』(공주: 충청남도역사

중국과 문물교류를 보면, 사비기의 유물은 백제적 특성을 나타내면서도 불상의 경우 남·북조의 불상 모두 종합되어 중국화 양식으로 변했고, 일반 건축과 무덤 건축 불탑 등에서도 중국식 특징이 상당히 보이며, 공예에 있어서도 중국적 요소가 강하게 나타난다.[111] 또한, 유학은 예와 악을 통한 국가 운영의 길을 제시하는 학문이며,[112] 율은 악을 이루는 기본 법칙인데, 백제는 국가 초기부터 한자를 수용하고 일찍부터 유교문화를 깊이 이해하고 있었다.

이를 종합하면, 백제시대에 황종에 대한 개념이 존재했을 가능성을 짐작해볼 수 있다. 또한 『삼국사기』에는 대금, 중금, 소금을 포함하는 삼죽(三竹)의 악조 중에 황종조(黃鐘調)가 있어서, 삼국시대에 황종에 대한 인지의 가능성을 생각해볼 수 있다.

백제시대 척도에 따른 기본음

도량형제도의 통일은 국가조직의 중요한 척도 중 하나이며, 그것의 전래와 보급은 문화의 전파와 교류를 말해주는 단서가 된다. 중국문화의 영향을 받은 동아시아 지역에서는 척을 도량형의 기본단위로 사용했다.[113] 그중에서도 황종척을 가장 먼저 정하고 여기서부터 길이(度), 부피(量), 무게(衡)를 정했다. 앞서 밝힌 바

문화연구원, 2007), 241-257쪽.

111 문명대, "제3절. 사비기 중국과의 문물교류", 제2장 중국과의 문물교류, 『백제문화사대계 연구총서 10, 백제의 문물교류』(공주: 충청남도역사문화연구원, 2007), 296-297쪽.

112 정구복, "제1절. 유학이란 어떤 학문인가?", "제3절. 백제의 문화와 유교문화와의 친연성", 제3장 유학, 『백제문화사대계 연구총서 13, 백제의 제의와 종교』(공주: 충청남도역사문화연구원, 2007), 233, 236쪽.

113 이우태, "한국고대의 척도", 『태동고전연구』(경기도: 태동고전연구소, 1984), 창간호, 9쪽.

와 같이 황종척의 길이는 9촌인데, 주나라시대에는 황종척의 4/5의 길이를 1척으로 하여 이것을 주척(周尺)이라 했다. 주척은 용도에 따라 영조척, 조례기척, 포백척 등으로 나뉘었다.

우리나라의 척도제는 『삼국사기』와 『삼국유사』 등 문헌기록이나 부여 쌍북리, 하남 이성산성에서 출토된 자로 보아 삼국에서 이미 법제화된 것으로 추정된다.[114] 김규동에 따르면 백제의 백제금동대향로에는 영조척으로 25cm 내외의 남조척이 적용되었다. 뿐만 아니라 남조인들이 글로 남긴 박산향로의 모습이 백제금동대향로의 외형과 거의 같아 백제금동대향로에 남조척이 반영되었다는 것을 뒷받침한다.[115] 한편 서오선에 따르면, 부여 쌍북리에서 출토된 자의 경우는, 복원한 1자의 길이가 29cm로서, 북위(北魏)에서 기원한 당척(唐尺) 혹은 당대척(唐大尺)으로 추정된다.[116] 그리고 신광섭에 따르면, 백제금동대향로가 출토된 부여 능산리사지, 즉 능사(陵寺)에는 고구려척이 함께 사용되었다.[117]

이 세 가지 척, 즉 남조척(1자＝25cm 내외), 당척(1자＝29cm), 고구려척(35.6cm)을 곧 백제시대의 황종척이라고 가정하고 율관의 음고를 예측할 수 있을까? 또 만일 이 척들이 건물을 지을 때나 물건을 만들 때 사용된 것으로 영조척(營造尺)이라고 한다면, 여기서 조선시대 척들의 관계를 참고하여 황종척을 구하는 것이 가능하지 않을까?

이 글에서는 이 두 가지 방법을 모두 사용하여 황종척을 구하고 황종율관과 함께, 황종으로부터 삼분손익(三分損益)하여 산출되는 나머지 11개 율관의 길이를 『악학궤범』에 기하여 계산했다.[118] 그리고, 12율의 음고를 모두 예측해보았다.

---

114 서오선, "제2절. 백제의 도량형", 제3장 생산활동과 교역, 『백제문화사대계 연구총서 11, 백제의 사회경제와 과학기술』(공주: 충청남도역사문화연구원, 공주), 250쪽.

115 김규동, "백제의 도량형: 유물을 중심으로", 『동원학술논문집』(서울: 한국고고미술연구소, 2003), 제6집, 109쪽.

116 서오선, 위의 책, 251-253쪽.

117 신광섭, 위의 논문, 28쪽.

118 이혜구 역주, 『신역악학궤범』(서울: 국립국악원, 2000), 54쪽.

『악학궤범』에 의하면, 황종 율관의 길이는 9촌(寸)이며, 그 둘레는 9분(分)인데,[119] 이 율관의 길이와 둘레에 의하여 내경이 산출된다. 길이와 내경의 치수를 이용해서 황종 율관의 음고를 알 수 있는데, 그것은 관의 음향 임피던스 계산방법을 이용하여 율관 양 끝이 열려 있을 때의 공명주파수를 예측함으로써 가능하다.[120] 이때 예측 결과를 실제와 가깝게 하기 위해서 율관에 관 끝 보정(end correction)[121]과 관을 불 때 발생하는 물리적 조건(각도, 율관이 가려지는 정도 등)을 고려한 보정값[122]을 주었다.

1) 황종척으로 적용한 음고

〈표 3.1〉은 남조척을 황종척으로 보고 황종을 비롯한 12음의 높이를 구한 것이다. 여기서 C 등 음명 옆에 붙은 숫자는 음의 높이를 나타내는데, C4는 '가온다'의 음고에 해당한다. 뒤에 +와 − 등은 남거나 부족한 센트값(cent, 음정의 수학적 표시법의 단위)를 나타낸다. 이에 따르면, 남조척의 황종은 음고가 F5에 가깝다. 따라서 현행 궁중음악 중 향악의 황종이 E♭보다 조금 높고 E에 가까운 경우가 많은데, 남조척의 황종은 이보다 조금 더 높다고 할 수 있다.

〈표 3.2〉는 당척과 고구려척을 황종척으로 보고 황종을 비롯한 12음의 높이를 구한 것이다. 당척에 따른 황종은 E♭보다 조금 낮고, 고구려척에 따른 황종은 B4에 가깝게 낮게 나타나는 것을 알 수 있다.

---

119 이혜구 역주, 위의 책, 54쪽.

120 정환희, "정악대금 음향 임피던스 측정", 『2008 국악기 연구보고서』(서울: 국립국악원, 2008), 114-136쪽.

121 관 끝 보정: 양쪽이 열린 관의 공명주파수는 길이의 2배에 반비례한다. 그러나 관 끝에서의 공기 음압이 대기압과 같아지는 것이 아니라 관을 더 벗어나서 대기압과 같아지므로 파장이 관의 길이보다 상대적으로 길어지므로, 실제 주파수에 오차가 생긴다. 정확한 음고를 예측하기 위하여 이를 보정하는 것을 관 끝 보정, 혹은 관구 보정이라고 한다. 내경 값이 커지면 보정 값이 커진다.

122 정환희(국립국악원 악기연구소)에 따르면, 실제 율관을 측정한 값과 예측한 값과의 차이에서 0.017mm 길이의 보정 값을 얻어, 실제 관의 음고 측정에 이를 적용하고 있다.

〈표 3.1〉 남조척을 황종척으로 적용한 경우

율 명	『악학궤범』	10진법	남조척(황종척 1척=25cm)			
			길 이	내 경	주파수	음 고
黃	9寸	9.00000	22.50	0.72	703	F5 + 11
大	8.376寸	8.42798	21.07	0.72	747	A♭5 + 16
太	8寸	8.00000	20.00	0.72	784	G5
夾	7.4373寸	7.49154	18.73	0.72	833	A♭5 + 5
姑	7.1寸	7.11111	17.78	0.72	874	A5 - 12
仲	6.58346寸	6.65914	16.65	0.72	928	B♭5 - 8
蕤	6.28寸	6.32098	15.80	0.72	973	B5 - 26
林	6寸	6.00000	15.00	0.72	1020	C6 - 44
夷	5.551寸	5.61865	14.05	0.72	1081	D♭6 - 44
南	5.3寸	5.33333	13.33	0.72	1133	D♭6 + 37
無	4.8848寸	4.99436	12.49	0.72	1201	D6 + 38
應	4.66寸	4.74074	11.85	0.72	1258	E♭6 + 19

〈표 3.2〉 당척 및 고구려척을 황종척으로 적용한 경우

율 명	『악학궤범』	10진법	당척(황종척 1척=29cm)				고구려척(황종척 1척=35.6cm)			
			길이	내경	주파수	음고	길이	내경	주파수	음고
黃	9寸	9.00000	26.10	0.83	612	E♭5 - 29	32.04	1.02	505	B4 + 39
大	8.376寸	8.42798	24.44	0.83	651	E5 - 22	30.00	1.02	537	C5 + 45
太	8寸	8.00000	23.20	0.83	684	F5 - 36	28.48	1.02	564	D♭5 + 30
夾	7.4373寸	7.49154	21.73	0.83	727	G♭5 - 31	26.67	1.02	601	D5 + 40
姑	7.1寸	7.11111	20.62	0.83	763	G5 - 47	25.32	1.02	631	E♭5 + 24
仲	6.58346寸	6.65914	19.31	0.83	811	A♭5 - 41	23.71	1.02	671	E5 + 31
蕤	6.28寸	6.32098	18.33	0.83	850	A♭5 + 40	22.50	1.02	704	F5 + 14
林	6寸	6.00000	17.40	0.83	892	A5 + 23	21.36	1.02	739	G♭5 - 2
夷	5.551寸	5.61865	16.29	0.83	947	B♭5 + 27	20.00	1.02	786	G5 + 4
南	5.3寸	5.33333	15.47	0.83	993	B5 + 9	18.99	1.02	824	A♭5 - 14
無	4.8848寸	4.99436	14.48	0.83	1054	C6 + 12	17.78	1.02	876	A5 - 8
應	4.66寸	4.74074	13.75	0.83	1103	D♭6 - 9	16.88	1.02	918	B♭5 - 27

2) 영조척에서 황종척을 환산한 음고

백제시대 남조척(1자=25cm 내외), 당척(1자=29cm), 고구려척(35.6cm)이 건물이나 물건을 만드는 데 사용된 것이므로 이번에는 이 세 가지의 척을 조선시대 영조척(營造尺)에 해당하는 것으로 생각해보자. 이것을 황종척으로 환산하기 위해서는 시대를 내려와 조선조『경국대전』중에 "영조척을 황종척에 비준하면 황종척 1척은 영조척으로 8촌 9푼 9리가 되고(營造尺比準黃鐘尺則長八寸九分九釐)"[123]라는 비례식을 적용해볼 수 있다. 물론 시대에 따라 동일한 비례식이 적용되었는지는 알 수 없지만, 다른 비례식을 알 수 없는 상황이므로 이 비례식에 의해 황종척의 길이를 계산해보았다.

〈표 3.3〉은『경국대전』에 따른 조선시대의 영조척과 황종척의 관계에 기하여 백제 남조척, 당척, 고구려척의 영조척과 황종척의 관계를 계산해본 것이다.

먼저 남조척(1척=25cm)이 영조척일 경우, 황종척을 구하여 황종과 나머지 11율관의 길이와 음고를 예측해보았다. 〈표 3.4〉는 황종의 음고가 현재 궁중음악 중 향악 황종의 음고와 비슷하게 E^b보다 조금 높은 것을 보여준다.

다음에는 당척(1척=29cm)과 고구려척(1척=35.6cm)이 모두 영조척일 경우, 여기서 황종척을 계산하여 황종과 나머지 11율관의 길이와 음고를 예측하였다. 〈표 3.5〉에서는 황종의 음고가 현재 궁중음악 중 당악과 아악 황종의 음고보다 조금 낮게 D^b5에 가깝고, 고구려척은 A4에 가깝게 나타났다.

〈표 3.3〉 영조척과 황종척 비교

기준 척도	조선시대	백제금동대향로 (남조척)	부여 쌍북리 출토 자 (당척)	부여능산리사지 (고구려척)
영조척	30.82	25	29	35.60
황종척	34.28	27.80	32.25	39.60

---

123 『경국대전』(서울: 일지사, 1978), 909쪽.

〈표 3.4〉 남조척을 영조척으로 적용한 경우

율 명	『악학궤범』	10진법	남조척(황종척 1척=27.80cm)			
			길 이	내 경	주파수	음 고
黃	9寸	9.00000	25.03	0.80	636	E♭5 + 38
大	8.376寸	8.42798	23.44	0.80	677	E5 + 46
太	8寸	8.00000	22.25	0.80	711	F5 + 31
夾	7.4373寸	7.49154	20.83	0.80	756	G♭5 + 37
姑	7.1寸	7.11111	19.78	0.80	793	G5 + 20
仲	6.58346寸	6.65914	18.52	0.80	842	A♭5 + 24
蕤	6.28寸	6.32098	17.58	0.80	883	A5 + 6
林	6寸	6.00000	16.69	0.80	926	B♭5 - 12
夷	5.551寸	5.61865	15.62	0.80	984	B5 - 7
南	5.3寸	5.33333	14.83	0.80	1031	C6 - 26
無	4.8848寸	4.99436	13.89	0.80	1093	D♭6 - 25
應	4.66寸	4.74074	13.18	0.80	1146	D6 - 43

〈표 3.5〉 당척과 고구려척을 영조척으로 적용한 경우

율 명	『악학궤범』	10진법	당 척 (황종척 1척=32.25cm)				고구려척 (황종척 1척=39.60cm)			
			길이	내경	주파수	음고	길이	내경	주파수	음고
黃	9寸	9.00000	29.03	0.92	554	D♭5 - 1	35.64	1.13	456	A4 + 62
大	8.376寸	8.42798	27.19	0.92	589	D5 + 5	33.37	1.13	486	B♭4 + 72
太	8寸	8.00000	25.81	0.92	619	E♭5 - 9	31.68	1.13	510	B4 + 56
夾	7.4373寸	7.49154	24.17	0.92	658	E5 - 3	29.67	1.13	543	C5 + 64
姑	7.1寸	7.11111	22.94	0.92	691	F5 - 19	28.16	1.13	571	D♭5 + 51
仲	6.58346寸	6.65914	21.48	0.92	735	G♭5 - 12	26.37	1.13	607	D5 + 57
蕤	6.28寸	6.32098	20.39	0.92	771	G5 - 29	25.03	1.13	638	E♭5 + 43
林	6寸	6.00000	19.35	0.92	810	A♭5 - 43	23.76	1.13	670	E5 + 28
夷	5.551寸	5.61865	18.12	0.92	860	A5 - 40	22.25	1.13	712	F5 + 33
南	5.3寸	5.33333	17.20	0.92	902	B♭5 - 57	21.12	1.13	748	G♭5 + 19
無	4.8848寸	4.99436	16.11	0.92	957	B5 - 55	19.78	1.13	794	G5 + 22
應	4.66寸	4.74074	15.29	0.92	1004	C6 - 72	18.77	1.13	834	A♭5 + 7

<표 3.6> 척도에 따른 황종 음고

적용 척도에 따른 황종 음고	남조척 (1척=25cm)	당척 (1척=29cm)	고구려척 (1척=35.6cm)
황종척	F5 + 11	E♭5 - 29	B4 + 39
영조척	E♭5 + 38	D♭5 - 1	A4 + 62

이상의 내용을 정리하면 남조척, 당척, 고구려척을 황종척으로 보았을 때와 영조척으로 보았을 때, 황종척과 영조척을 비교한 결과는 장2도보다 조금 좁은 차이를 보였다. 황종의 음고는 전체적으로 남조척이 현행 궁중음악 향악의 황종(E♭5: 실제 조금 높게 나타나는 경향이 있음)에 가깝게 나타났다. 당척은 남조척보다 장2도 정도 낮은데, 마치 궁중음악 중 아악과 당악의 황종이 향악의 황종보다 낮은 것을 연상시켰다. 고구려척은 이보다 낮았다. 이를 정리하면 <표 3.6>과 같다.

일본 아악의 고려적과 횡적의 음고

일본 아악에는 고구려, 백제, 신라 삼국에서 건너가서 이를 근원으로 형성된 고려악(高麗樂)과 당악의 구분이 있다. 이 두 음악과 관련하여 고려적(高麗笛)과 횡적(橫笛)이 있는데, 고려적은 고려악을 연주하는 적이고, 횡적(橫笛)은 당나라에서 전래한 적으로, 류테키[龍笛]라고 한다. 고려악이 당악에 비해 장2도가 높은데, 고려적도 횡적에 비해 이처럼 음고가 높다.

『일본후기』(日本後紀) 등에는 백제와 고구려의 적이 모두 횡적으로 기록되어 있어서 현재의 고려적이 고구려적인지 백제적인지 알 수 없다. 『고사류원』(古事類苑)에도 아악사(雅樂師) 오다 아사미야(大田麻呂)가 백제적사(百濟笛師)에서 당횡적사(唐橫

〈그림 3.1〉 고려적과 횡적

笛師)로 전임(轉任)되었다는 기록이 있어 백제적과 당횡적이 구별되었음을[124] 알 수 있지만, 고구려적과 백제적을 구분할 수 있는 방법은 없다. 이 백제적이 고려적과 구분된 것이었는지에 대해서는 이혜구는 미상인 채로 남겨두었고,[125] 이진원은 고구려에서 전래된 횡적으로 해석했고,[126] 송방송은 고마부에를 고구려의 횡적으로 백제적과 명칭상 구분된다고 하였다. 어찌 되었든 백제가 많은 영향을 준 일본에서 현재 고려악을 연주하는 적(笛)은 당악을 연주하는 횡적보다 고려악과 장악의 차이와 마찬가지로 장2도 가량 그 음고가 높다.

〈표 3.7〉 일본 아악의 고려적과 횡적 비교[127]

종 류	지공에 따른 음							
	1공	2공	3공	4공	5공	6공	7공	전폐음
고려적	平調	上無	盤涉	黃鐘	雙調	下無		斷金
	六	中	夕	丄	五	丅		
	E2	D♭2	B1	A1	G1	G♭1		E♭1
횡적	壹越	盤涉	黃鐘	雙調	下無	平調	斷金	壹越
	六	中	夕	丄	五	丅		丅
	D2	B1	A1	G1	G♭1	E1	E♭1	B

---

124 이혜구, 위의 책, 471-472쪽.
125 이혜구, "일본에 전하여진 백제악", 『한국음악논총』(서울: 수문당, 1976), 166-167쪽.
126 이진원, "고구려 횡취관악기 연구", 『한국고대음악사의 재조명』(서울: 민속원, 2007), 104쪽.
127 이진원의 위의 논문, "고구려 횡취관악기 연구", 〈표 2〉를 참고하였음.

〈표 3.7〉은 고려적과 횡적의 차이를 좀 더 자세히 보여준다. 고려적이 횡적에 비해서 지공에 따라 대체로 2~3도 가량 높다는 것을 알 수 있으며, 이는 백제악을 포함한 삼한악의 기본음 높이가 당나라 음악의 기본음보다 높음을 증명한다. 이것은 현행 궁중음악의 향악과 당악에서도 계속되고 있는 전통이라고 할 수 있다.

나가는 말

이글은 백제금동대향로를 염두에 두고 백제 음악의 기본음에 대해 추론한 것이다. 『통전』(通典)과 『북사』(北史)에 백제 악기로 소개된 지(篪), 우(竽), 적(笛) 등과 백제금동대향로에 조각된 세로 부는 적(笛)과 배소(排簫) 등이 현재 동일 명칭의 악기에 비추어 적어도 일정한 음고를 가진 악기였다면, 백제 음악에도 기본음이 있었을 가능성을 가정해볼 수 있으며, 백제금동대향로 등 유물로부터 척도가 추정되어왔으므로 이것을 근거로 백제의 악률, 기본음의 양상을 추정한 것이다.

백제시대 척으로 추정된 남조척(1자＝25cm 내외), 당척(1자＝29cm), 고구려척(35.6cm)을 첫째, 백제시대의 황종척이라고 가정하고 율관의 음고를 예측하였고, 둘째, 이 백제시대의 세 가지 척이 영조척일 수도 있다고 보고 이것을 조선시대 척들의 관계를 참고하여 황종척으로 환산하여 율관의 음고를 계산해보았다. 또 황종율관과 함께, 황종으로부터 삼분손익(三分損益)하여 산출되는 나머지 11개 율관의 길이도 『악학궤범』에 기하여 계산하고 음고를 예측하였다.

그 결과, 남조척, 당척, 고구려척을 황종척으로 보았을 때와 영조척으로 보았을 때, 황종척과 영조척을 비교한 결과는 장2도보다 조금 좁은 차이를 보였다. 황종의 음고는 전체적으로 남조척이 현행 궁중음악 향악의 황종(E^b5~E)에 가깝게 나타났다. 당척은 남조척보다 장2도 정도 낮은데, 마치 궁중음악 중 아악과 당악의 황종이 향악의 황종보다 낮은 것을 연상시켰다. 고구려척은 이보다 낮았다.

또한 일본 아악 중에 고려악과 당악을 비교하면 고려악이 당악에 비해 장2도 가량이 높다. 고려악을 위한 고려적(高麗笛)의 음고를 자세히 살펴보면, 당악을 위한 횡적(橫笛)에 비하여, 지공에 따라 대체로 2~3도 가량 높다. 이로써, 백제악을 포함한 삼한악의 기본음 높이가 당나라 음악의 기본음보다 높음을 알 수 있다. 이것은 현행 궁중음악 중 당악의 황종이 정도는 다르지만 향악의 황종보다 낮다는 사실과 같다. 이 향악과 당악의 기본음의 차이는 현행 궁중음악의 향악과 당악에서도 계속되고 있는 전통이라고 할 수 있다.

그러나 백제척에 따른 기본음이 당척과 고구려척에 비하여 남조척에서 향악에 가깝게 나타나는 이유에 대해서는 설명할 수 없다. 이를 설명하기 위해서는 실제 중국에서 남조척과 당척의 차이와 당시 궁중음악의 차이도 함께 살펴보아야 할 것이다.

4

백제금동대향로에 나타난 백제 음악문화

이숙희 (국립국악원 학예연구관)

들어가는 말

백제금동대향로의 악기의 성격을 규명함에 있어서 악기 자체를 대상으로 해석하는 방법도 있지만, 그 주변의 상황을 고려하여 해석해볼 필요도 있다. 백제금동대향로의 음악과 관련하여 실마리를 제공하는 부분은 연주자의 얼굴과 머리 모양, 복식, 악기 등이다. 이러한 요소를 중심으로 백제금동대향로 악기의 성격이 무엇인지 규명해보기로 한다.

백제 음악문화의 성격은 계통별로는 성악과 기악으로 나눌 수 있고, 기악은 다시 고취, 기악(伎樂), 기악(器樂)으로 나눌 수 있다. 기악(器樂)은 주로 악기와 관련된 내용이다. 백제의 음악문화는 본토에서 연주된 것과 일본, 중국 등 국외에서 연주된 것이 있다. 이러한 백제문화의 성격을 먼저 이해한 다음 백제금동대향로의 악기가 백제 음악과 어떤 관계가 있는지 살펴보기로 한다.

1) 성악

백제 성악(聲樂)곡의 선율과 가사는 전해지지 않고, 제목만 『고려사』에 전한다. 『고려사』에 전하는 백제가요는 선운산(禪雲山)·무등산(無等山)·방등산(方等山)·정읍(井邑)·지리산(智異山)의 다섯 곡이다.[128] 이 악곡들에 대한 설명에 모두 '가지'(歌之)라는 내용이 있기 때문에 이것이 성악곡임을 알 수 있다. 이 악곡들의 유래에 관한 설명은 있으나, 용도에 대해서는 밝혀져 있지 않다.

2) 기악(器樂)

(1) 고취

『삼국사기』에 고이왕(古爾王, 234-285) 5년(238)에 천지(天地)의 제사에 고취(鼓吹)를 연주하였다는 기록이 있다.[129] 이때 고취가 어떤 형태인지에 대해 설명이 없으나, 『북사』(北史)의 기록에 백제악에 고(鼓)·각(角)이 포함되어 있는데,[130] 이로 미

---

128 『高麗史』71卷 志25 樂2, 三國俗樂百濟.

129 『三國史記』卷24 2b7, 百濟本紀 第2, 古爾王, "五年春正月 祭天地 用鼓吹."

루어 고취는 고·각과 같은 악기로 구성된 군악으로 추정된다.[131]

(2) 악기
① 백제 본토에서 연주된 현악기
월평동의 유물, 광주 신창동의 유물

② 중국에서 연주된 백제 악기

구 분	고	각	쟁	우	지	적	공 후	도피필률
수서동이전	○	○	○	○	○	○	○	–
북사	○	○	○	○	○	○	○	–
통전	–	–	○	○	–	○	○	○
구당서			○			○	○	○

③ 일본에서 연주된 백제 악기

구 분	다리지고	막 모	막 목	횡 적	군 후
유취삼대격	○	○	–	○	○
일본후기	–	–	○	○	○
직원령집해	–	–	○	○	○

---

130 『三國史記』 卷32 12a7-12b2, 雜志 第1 樂-百濟樂, "通典云 百濟樂 中宗之代 工人死散 開元中 岐
  王範 爲大常卿 復奏置之 是以音伎多闕 舞者二人 紫大袖 裙袖 章甫冠 皮履 樂之存者 箏 笛 桃皮
  觱篥 箜篌 樂器之屬 多同放內地 北史云 有鼓 角 箜篌 箏 竽 篪 笛之樂."

131 『舊唐書』와 『新唐書』에도 『通典』의 내용과 글자만 몇 자 다를 뿐 같은 내용이 있는데, 『北史』
  의 내용은 없다. 『舊唐書』 卷29 志9 音樂2 四夷之樂 東夷之樂, "百濟樂 中宗之代 工人死散 岐王
  範 爲大常卿 復奏置之 是以音伎多闕 舞者二人 紫大袖 裙袖 章甫冠 皮履 樂之存者 箏 笛 桃皮觱篥
  箜篌 歌"; 『新唐書』 卷22 志12 禮樂12, "中宗時 百濟樂 工人亡散 岐王爲大常卿 復奏置之 然音伎
  多闕 舞者二人 紫大袖 裙袖 章甫冠 衣履 樂有 箏 笛 桃皮觱篥 箜篌 歌而已."

(3) 기악

기악(伎樂)은 불교의례에 수반되는 음악이다. 불전(佛典)에 나타난 기악의 뜻은 두 가지가 있는데, 하나는 불보살을 찬탄하는 음악의 뜻이고, 다른 하나는 세속 유희 음악의 뜻이다.[132] 돈황 등 서역의 벽화에 부처님을 예배하는 장면에 음악을 연주하고 춤을 추는 형태의 장면이 있으며, 이러한 악무(樂舞)를 기악이라고 한다. 기악은 반드시 불교의례에 연주하는 음악이 아니지만, 불교의례 음악은 기악이라고 하여, 기악이 불교와 밀접한 관련이 있음을 알 수 있다. 인도에서도 불교의례에 음악을 연주하였으나 '기악'이라는 용어는 중국에서 발생하였고,[133] 기악의 형태는 시대와 나라에 따라 달라졌다.

기악의 형태는 크게 세 종류로 분류할 수 있는데, 기악(器樂)·성악·무용·연희로 구성된 형태,[134] 탈춤과 같은 가면극 형태,[135] 춤과 음악으로 구성된 악무 형태가 있다.[136] 악무 형태의 기악은 서역 지방의 돈황벽화와 극자이(克孜爾) 석굴 등에 음악과 무용으로 구성된 벽화를 통해 확인할 수 있다. 악무 형태의 기악(伎樂)은 후대 가면극 형식으로 변이되었다.

서역 지방은 중국 위진남북조 시기에 여광(呂光)에 의해 북조(北朝)에 흡수되었고, 북방 민족들은 한족과 동화되어 당대(唐代)에 종족의 융합과 함께 문화의 융합을 가져왔다. 이때 기악(伎樂)도 서역으로부터 구자·서량 방면과 실크로드를 거쳐 중국 남부에 전해졌다. 오대(吳代)부터 성행했던 불교는 특히 남조의 송 명제(宋明帝, 465-472), 제 명제(齊 明帝, 494-498), 양 무제(梁 武帝, 502-549) 등에 의해 더욱 성행하

---

132 박범훈, 『한국불교음악사연구』, 178쪽; 윤광봉, "西域樂舞의 變異樣相", 『玄谷 梁重海博士 華甲紀念論叢』(제주: 현곡 양중해 박사 하갑기념논총 간행위원회, 1987), 4쪽.

133 박범훈, 『한국불교음악사연구』, 151쪽.

134 박범훈, 178쪽; 박범훈, 『한국불교음악사연구』, 66쪽.

135 이혜구, "山臺劇과 伎樂", 『한국음악연구』(서울: 국민음악연구회, 1957), 225-236쪽; 송방송, 『韓國音樂通史』(서울: 일조각, 1985), 216-217쪽.

136 이숙희, 불교취타악의 형성배경.

였는데, 이러한 현상은 당시 백제와 일본까지 영향을 미치게 되었다. 아울러 오래도록 전통으로 내려오는 중국 나무(儺舞)의 기초 위에 외래적 풍속과 문화를 접맥시켜 가무를 발전시켰다. 나의식에 사용하는 방상씨(方相氏)는 기악(伎樂)의 변천을 더듬는 데 좋은 자료가 된다. 중국 본토의 토속적인 나례의식이 서역으로부터 들어온 악무와 습합되어 중국 고대의 연희는 여러 가지 변이양상을 보였고,[137] 가면극 형태의 기악은 그중 하나이다.

한국음악사에서 기악이 있었던 나라는 고구려[138]·백제·신라[139]·고려[140]이고, 기악의 형태는 가면극 형태와 악무 형태의 두 종류가 있었다. 『일본서기』에 기록된 백제의 미마지가 오나라로부터 전해 받아 일본에 전한 일본의 기악은 가면극 형태로[141] 절에서 연주되었는데, 그 반주악기에 적(笛), 삼고(三鼓), 동박자(銅拍子)와 같은 악기를 사용하였다.[142] 일본에 전해진 기악이 절에서 연주된 점과 자바라와 같은 동박자를 사용한 점에서 불교와 관련이 있고, 따라서 백제의 기악도 불교와 관련 있다고 하겠다.[143]

---

137 윤광봉, "西域樂舞의 變異樣相", 『玄谷 梁重海博士 華甲紀念論叢』, 5-7쪽.

138 고구려에도 기악(伎樂)이 있었으나 이 기악이 어떤 형태인지 알 수 없다. 『新校本舊唐書』, 志卷 29 志第九 音樂2 四夷之樂, "…西域諸國來媵, 於是龜茲、疏勒、安國、康國之樂, 大聚長安. 胡兒令羯人白智通教習, 頗雜以新聲. 張重華時, 天竺重譯貢樂伎, 後其國王子爲沙門來遊, 又傳其方音. 宋世有高麗、百濟伎樂. 魏平馮跋 亦得之而未具. 周師滅齊, 二國獻其樂…."

139 한국음악사에서 기악은 가면극 형태로만 알려져 있으나 신라 연기선사 화엄경 사경의식에 연주했던 기악은 그와 다른 악무(樂舞) 형태이다.

140 고려시대 기악은 가면극 형태이며, 절의 낙성식이나 연등회 때 연행했던 만큼 불교의례와 관련 있다. 이혜구, "牧隱 先生의 驅儺行", 『補訂韓國音樂硏究』(서울: 민속원, 1996), 315쪽. 송방송은 고려시대 기악을 좁은 의미로 탈춤, 넓은 의미로 가무백희로 보았다. 송방송, 『韓國音樂通史』(서울: 일조각, 1985), 216-217쪽.

141 이혜구, "山臺劇과 伎樂", 『한국음악연구』(서울: 국민음악연구회, 1957), 225-236쪽; 윤광봉, "西域樂舞의 變異樣相: 伎樂을 중심으로", 『玄谷 梁重海博士 華甲紀念論叢』, 1-14쪽.

142 송방송, 『韓國音樂通史』, 80-81쪽.

143 이 내용은 이숙희, "불교취타악의 형성배경과 시기"에서 인용함.

백제금동대향로에 구현된 음악문화는 중국 남조와 북조의 요소를 모두 지니고 있다. 백제는 외교관계를 남조와 먼저 맺었고, 북조와는 나중에 맺었으므로, 남조 음악문화의 영향을 먼저 살펴보고, 다음 북조 음악문화의 영향을 살펴보기로 한다.

1) 남조 문화의 영향

일반적으로 백제 음악문화는 중국 남조의 음악문화와 가깝다고 알려져 있다. 백제 음악이 남조 음악과 관계있음을 주장하는 근거는 첫째, 백제와 남조와의 외교관계가 있었던 점이고, 둘째 백제의 연주복식과 남조의 복식이 유사한 점에 있다.[144]

백제금동대향로의 음악문화가 남조 음악문화와 관련 있음을 보여주는 것은 연주복식이다. 백제금동대향로의 연주자의 복식은 여자 복식이다. 백제금동대향로의 연주자는 다음 〈그림 4.1〉과 같이 아래위가 연결된 복식을 착용하고, 가슴에 띠를 띠고, 그 위에 또 상의를 걸치는 형식이다. 이와 같은 형태의 복식은 청상악의 연주복식이다. 청상악이란 송·제·량·진의 남조의 구악으로, 생, 적, 지, 진, 금, 슬, 쟁, 비파 등 7~8종의 악기로 편성하여 연주하는 한족의 음악문화이다.

---

144 백제 연주자들이 피리(皮履)를 착용하는 점에서 남조와 관련 있다고 보는 관점이다. 장사훈, 『증보한국음악사』, 57쪽.

〈그림 4.1〉 백제금동대향로 연주자의 복식

　　백제금동대향로의 연주자가 착용한 복식이 남조의 연주복식과 유사하다는 사
실은 〈그림 4.2〉와 〈그림 4.3〉를 통해서도 확인할 수 있다. 이에 반해 북위시대

〈그림 4.2〉 섬서초엄성(陝西草厂城) 북　　〈그림 4.3〉 당인(唐人) 궁악도(宮樂圖)[146]
조묘금용(北朝墓琴俑)[145]

145　余甲方,『中國古代音樂史』, 揷圖本.

146　劉芳如・張華芝,『群芳譜: 女性的形象與才藝』, 34쪽.

의 연주자 모습은 〈그림 4.4〉와 같으며, 남조 연주자의 모습과 변별된다.

한편 백제금동대향로 악기의 연주자가 착용한 복식은 남조의 복식문화와 유사할 뿐 아니라, 여자 연주자 복식임을 확인할 수 있다. 〈그림 4.5〉의 와공후와 완을 연주하는 연주자는 복식으로 미루어볼 때 남자 연주자인 반면, 오른쪽 〈그림 4.6〉의 완 연주자는 여자이다.

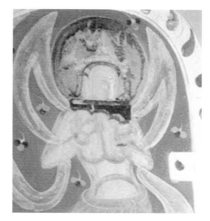

〈그림 4.4〉 북위시대 연주자 모습을 담은 벽화

〈그림 4.5〉 감숙주천위진묘 (甘肅酒泉魏晋墓) 와공후·완 합주도[147]

〈그림 4.6〉 명인(明人) 청완도 (聽阮圖)[148]

147　余甲方, 『中國古代音樂史』, 揷圖本.
148　劉芳如·張華芝, 『群芳譜: 女性的形象與才藝』, 47쪽.

이와 같이 남자 연주자와 여자 연주자의 복식은 서로 구분된다. 따라서 복식의 형태로 볼 때 백제금동대향로의 연주자는 여자 연주자로 보인다. 이상의 내용을 요약하면, 백제금동대향로의 연주자는 여자 연주복식을 착용하고 있으며, 남조 문화와 관련 있는 것으로 보인다.

2) 북조 문화의 영향

백제는 오랫동안 중국 남조의 국가들과 통교하다가 위덕왕(554-597) 때에 와서 처음으로 북조 국가와 통교하게 되었다.[149] 그러나 그 이전에 비록 실패하였지만, 북위와의 외교교섭을 시도하기도 했다.[150] 또 5세기부터 6세기 사이에 중국 송과 북위 등에 그 음악이 소개된 바 있다.[151]

백제금동대향로의 연주자에게서 나타나는 북조 문화의 특성은 얼굴 모양과 머리 형태이다. 먼저 〈그림 4.7〉과 같이 백제금동대향로 악기 연주자의 얼굴 모양은 선이 굵은 남자 얼굴 모양으로 보인다.

| 현악기 연주자 | 종적 연주자 | 완함 연주자 | 배소 연주자 | 타악기 연주자 |

〈그림 4.7〉 백제금동대향로 연주자의 얼굴 모습

149 홍원탁, 『(고대 한일관계사) 백제왜』, 369쪽.
150 충남역사문화연구원, 『백제의 외교교섭』, 84쪽.
151 장사훈, 『증보한국음악사』, 56쪽.

이와 같은 백제금동대향로 악기 연주자
의 얼굴 모습은 다음 〈그림 4.8〉의 돈황막
고굴의 서위시대 천궁기악(天宮伎樂)의 얼굴
과 유사하다.

이러한 사실은 〈그림 4.10〉과 비교해볼
때 더욱 뚜렷하게 확인할 수 있다. 〈그림
4.10〉은 당대 악무벽화로, 남조 즉 한족의
얼굴 특징을 잘 나타내고 있으며, 〈그림
4.8〉, 〈그림 4.9〉와 서로 변별된다.

〈그림 4.8〉 서위돈황막고굴 251굴 천궁기악

〈그림 4.9〉 서위돈황막고굴 288굴 천궁기악

이러한 사실을 더욱 뒷받침해주는 것은
백제금동대향로 연주자의 머리 모양이다.
백제금동대향로 연주자의 머리 모양은 모

〈그림 4.10〉 당대 악무벽화[152]

두 한 가닥으로 묶어 한쪽에 매어놓은 매우 독특한 형태이다. 백제금동대향로 연
주자의 이러한 머리 형태는 현재까지 조사한 바로는 백제금동대향로 외에는 나
타나지 않는다. 그리고 머리 꼭대기에는 머리카락이 없고 한쪽으로만 쏠려 있는

152 王克芬, 『中國舞蹈圖史』, 230쪽.

〈그림 4.11〉 서위돈황막고굴 215굴 및 288굴 천궁기악

것도 부자연스럽다.

　백제금동대향로의 연주자 얼굴 모습이 돈황석굴 북위 혹은 서위시대의 것과 유사한 점을 고려하여 살펴보면, 북위와 서위 돈황석굴 인물의 얼굴은 〈그림 4.11〉과 같이 예외 없이 모두 귀가 매우 강조된 형태이다.

　위에서 살펴본 것과 같이 백제금동대향로 연주자의 얼굴 모습이 돈황막고굴의 서위시대 천궁기악 얼굴과 유사한 점과, 돈황막고굴 서위시대 천궁기악상 얼굴에 귀가 강조된 점으로 미루어, 백제금동대향로의 연주자 머리 모양은 돈황막고굴의 서위시대 청궁기악상의 귀를 머리 모양으로 잘못 인식하여 만든 것으로 보인다. 따라서 백제금동대향로 연주자의 얼굴 모습과 머리 모양은 남자의 모습이며, 이것은 북조의 영향을 받은 불교음악 혹은 기악(伎樂)으로 볼 수 있겠다.

3) 백제금동대향로 악대의 특성

백제금동대향로에는 다섯 명의 연주자가 다섯 종류의 악기를 연주하고 있는데, 이 중 길이가 긴 현악기와 타악기 형태 악기의 성격이 가장 모호하다.

〈그림 4.12〉 백제금동대향로의 현악기와 타악기

백제금동대향로 악대의 악기 중 긴 현악기의 해석에 따라 백제금동대향로에 구현된 음악을 서역악으로 해석할 수도 있고, 중국 음악으로 해석할 수도 있다. 중국 고대에 사용한 긴 현악기는 금·슬·쟁이다. 쟁이나 슬 등 길이가 긴 현악기는 장방형

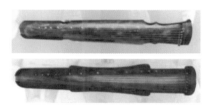

〈그림 4.13〉 중국 고대악기 중 슬과 쟁

이지만, 금은 장방형이 아니고, 아래로 갈수록 좁아지는 형태이다. 백제금동대향로의 긴 현악기의 형태는 장방형이 아니고 위아래가 좁아진 형태이다.

금은 청상악에 사용한 악기이다. 반면 백제금동대향로의 악기 가운데 배소나 완함은 서역에서도 사용한 악기이다. 따라서 한족의 음악인 청상악에 사용한 악기와 서역 악기를 사용한 서량악의 악기가 한데 어우러진 음악문화였을 가능성이 높아 보인다. 따라서 백제금동대향로에 구현된 음악문화는 당나라 시대의 천궁기악일 가능성도 배제할 수 없다.

〈그림 4.14〉 복식을 악기로 잘못 표현한 벽화의 예

　한편 백제금동대향로의 악기 가운데, 가장 이견이 많은 악기는 〈그림 4.12〉의 오른쪽 타악기이다. 이 악기에 대해 여러 가지 해석이 있지만, 이 논문에서는 이것을 악기로 보지 않고자 한다. 그 이유는 위에서 연주자의 머리 모양이 귀의 잘못된 표현이었듯이, 이것도 벽화의 그림 중 복식 부분을 악기로 잘못 표현 것으로 추정되기 때문이다.[153]

　중국의 음악은 아악, 청상악, 연악으로 분류할 수 있다. 주나라시대의 음악을 아악이라 한다면, 진한(秦漢)의 전통음악을 청상악(漢魏 六朝 속악의 총칭)이라 하고, 호부의 음악과 합해진 것을 연악이라 한다.[154] 돈황석굴의 그림에 〈그림 4.15〉와 같이 금, 완함, 배소, 종적 등으로 구성된 악대는 주로 당나라 때부터 등장한다.

153　당초 이와 같은 견해를 밝히신 분은 김현곤 선생님이시다. 연주자의 모리 모양으로 미루어볼 때 설득력이 있다고 보고 문제제기를 해보았다. 그러나 이 부분은 매우 조심스럽다. 따라서 추후 좀 더 검증할 여지를 남긴다.

154　심괄의 「몽계필담」에 당 천보 13년 선왕의 악을 아악이라 하고, 전세(前世)의 신성을 청악, 호부의 악을 합한 것을 연악이라 한다고 했다. 余甲方, 『중국고대음악사』, 73쪽.

백제금동대향로의 악기 편성은 청상악으로 볼 수 있지만, 연주자의 모습과 백제 음악문화 등을 고려했을 때, 당나라 때의 기악으로 해석해볼 여지도 있다.

악무 형태 기악의 악기 편성의 형태는 취타악 형태의 기악과 관현악 형태의 기악 두 종류가 있다. 현재 전승되는 기악은 취타악 형태의 기악이다. 〈그림 4.16〉은 우리나라에 전승되는 불교음악으로 취타악

〈그림 4.15〉 만당 막85 남벽의 그림[155]

형태의 기악에 해당하고, 〈그림 4.17〉은 중국에 전승되는 불교음악으로 취타악 형태의 기악이다.

백제금동대향로가 도교적 성격을 띠고 있다는 연구가 있으므로, 음악도 도교의 음악이라고 문제를 제기할 수도 있겠으나, 중국 도교음악에는 취타악을 사용하였

〈그림 4.16〉 취타악 성격의 불교음악

〈그림 4.17〉 취타악 성격의 중국 불교음악

---

155 王克芬 主編,『舞蹈畵卷』, 敦煌石窟 全集 17, 122-123쪽.

〈그림 4.18〉 신중탱의 기악. 왼쪽부터 장구, 비파, 생황, 나각, 횡적, 종적

고, 백제금동대향로의 악기는 취타악이 아니므로 도교음악으로 보기는 어렵다.

관현악 형태의 기악은 현재 〈그림 4.18〉과 같이 탱화로 남아 전한다. 백제금동대향로의 음악을 기악으로 해석할 경우, 관현악 형태의 기악으로 볼 수 있다.

나가는 말

백제금동대향로에 구현된 음악문화는 중국 남조와 북조의 음악문화를 모두 아우르고 있는 형태이다. 연주자의 복식은 남조의 영향을 보이고 있고, 연주자의 얼굴과 머리 모양은 북조의 영향을 나타내 보인다.

백제 음악문화와 결부하여 볼 때, 중국에서의 백제악이 청상악에 가까웠음으로, 백제금동대향로에 구현된 음악은 남조문화의 영향을 받은 청상악으로 해석할 수 있다. 그러나 북조의 영향을 받은 것으로 볼 때는 백제금동대향로에 구현된 음악문화는 기악, 즉 불교음악으로 해석할 수 있다. 악기 편성과 결부하여 해석할 경우 백제금동대향로의 제작시기는 7세기 초 당나라 때까지도 내려올 수 있을 것으로 보인다.

한편 백제금동대향로 악기 연주자의 복식으로 볼 때 연주자는 여자이고, 얼굴과 머리 모양으로 볼 때 연주자는 남자이다. 이와 같은 현상을 보이는 것은 여러 문화의 수용과정에서 생기는 혼선일 수도 있지만, 귀를 머리 모양으로 해석하여 표현한 점 등으로 미루어볼 때 그 문화에 대한 이해가 충분하지 않았기 때문으로 해석된다. 기타 여러 가지 구체적인 문제는 차후에 보완하고자 한다.

5

백제금동대향로 주악상
복식재현을 위한 연구

윤양노(중부대학교 패션디자인학과 교수)

들어가는 말

고대시기의 관련 문헌과 도상, 묘의 벽화, 용인(俑人), 회화 및 출토직물 등 고고학의 학문적 성과는 당시의 생활, 풍습뿐 아니라 악기의 형태, 연주장면, 악기 편성과 연주자들의 복식을 포함한 고대음악에 대한 중요한 정보를 제공한다.

1992년 부여의 능산리사지(寺地)에서 금동대향로가 출토된 이후 향로의 제작시기 및 제작국, 향로의 용도 등과 관련하여 다양한 연구가 진행되어왔다. 특히 향로에 표현되어 있는 주악상은 백제 음악을 연구하는 데 초석이 되었고 연주자의 악기와 복식은 백제 악기의 원형 복원 및 연주복식의 형태를 알 수 있는 단서를 제공하면서 백제의 정체성과 대외관계 속의 중국문화와의 교류와 수용이라는 이견이 함께하고 있다. 물론 좀 더 명확한 결론을 내리기 위해서는 향로가 제작된 시기와 제작국, 주악상의 성격이 신선인가 혹은 일반인가의 문제, 일반인이라면 성별과 연령까지도 좀 더 구체화시킬 필요가 있다. 그러나 백제는 고구려와는 달리 고대 사료의 기록이 극히 제한적이며, 그마저도 생활, 복식 등에 대해서는 고구려에 기준하거나, 백제만의 독특한 내용이라 할지라도 짧은 내용으로 기록되어 있어 백제 복식에 관한 정확한 제시는 거의 불가능하다. 이로 인해 일본에 남아 있는 백제문화를 역추적하여 근거로 삼는 경우가 빈번한 것도 사실이다. 이러한 가운데 금동대향로의 출토와 왕궁터의 발견으로 백제문화와 음악, 복식에 대한 관심이 고조되었고 또한 충청지역의 문화콘텐츠 개발사업과 관련하여 백제문화를 기반으로 한 프로젝트들이 활발히 진행되면서 백제문화 연구에 대한 관심은 더욱 고조되었다.

백제문화를 이해하고 이를 바탕으로 각종 문화행사를 시연하는 데 있어 복식은 매우 중요한 부분을 차지한다. 특히 백제 복식에 관한 자료가 부족한 상황에서 금동대향로에 표현된 많은 인물들의 복식은 학계에 많은 관심을 불러일으켰다. 그리고 향로에 표현된 인물들의 복식에 대한 연구가 이루어졌으나 앞서 언급한 바와 같이 연구의 기저가 되는 명확한 단서가 극히 제한적이므로 연구결과 또한 이견이 분분하다. 안소영[156]과 최은아[157]는 주악상의 발양은 백제만의 독특함을 나타내며 복식에 대해서는 스키타이나 노인우라 복식의 영향을 받은 것으로 보았다. 반면 서미영·박춘순[158]은 발양에 대해서는 앞선 연구자들과 마찬가지로 측계형(側髻形)의 백제만의 특성을 보인다고 한 반면, 복식에 대해서는 현학과 불교 및 도교의 영향 아래 합임을 한 관삼대수(寬衫大袖)의 옷이 유행했던 위진남북조시대 중국의 복식이라 하였다.

금동대향로가 출토된 이후 이미 10여 년이 지나 새삼스럽게 향로의 주악상 복식을 연구하는 근본적인 이유는 지난 2010년 대백제전 행사를 위해 국립국악원

---

156 안소영, "백제 복식에 관한 연구", 성균관대학교 대학원 석사학위논문, 1997.
157 최은아, "백제 복식 연구", 전남대학교 대학원 석사학위논문, 2001.
158 서미영·박춘순, "백제금동대향로 주악상 복식 연구", 『한국의류산업학회지』 제6권 제1호(한국의류산업학회, 2004), 69쪽.

에서 백제의 악기와 음악, 연주를 재현하는 프로젝트가 진행되었기 때문이다.

따라서 본 연구의 목적은 백제금동대향로 주악상의 모습을 통해 백제문화원형 재현을 위한 주악상 복식을 재현하는 데 있다. 연구방법은 비교적 옷의 형태가 잘 표현된 주악상을 선별하여 선과 실루엣을 근거로 복식의 형태와 착장을 살펴보고, 주악상 복식의 모형을 제시하였다. 또한 선행연구자들의 관점과는 달리 향로의 제작, 머리와 복식에 이르기까지 백제의 정체성에 초점을 두어 종교, 문화와 정치, 대외관계와 일반 복식과의 관계 속에서 주악상 복식에 대한 결과를 얻고자 하였다. 백제 음악 재현을 위한 연주복식으로서의 가능성에 초점을 두고 시도하였으므로 백제금동대향로의 주악상 복식의 완벽한 고증의 의미와는 다르다.

백제금동대향로 개괄

1) 향로 제작과 의미

향로는 향을 피워 나쁜 냄새를 제거하기 위한 단순 목적과 행향이나 종교의식에서 세속의 나쁜 기운을 정화시키기 위한 의물(儀物)로 사용되어왔다.

중국은 향로(香爐)를 훈로(熏鑪)라 하여 한대 이전부터 사용하였는데 명문(銘文)에는 착로(錯盧)・훈로(熏爐, 燻爐)라고도 표기되어 있다. 소위 박산로(博山爐)도 훈로(薰爐)에 포함되며, 향로의 용도에 대해『주례』(周禮)에 "향초(香草)를 피워 좀벌레와 같은 해충을 쫓는 여관(女官)이 있었다."[159]는 기록을 통해 고대 중국에서는 향로가 의복관리의 한 방법으로 향초를 피우기 위한 용기로도 사용되었음을 알 수 있다.

---

159 林巴奈夫,『漢代の文物』(京都: 京都大學校人文科學研究所, 昭和51), 217-218쪽.

우리나라는 삼국시대에 이미 종교와 의례적인 목적으로 향로를 사용하였다는 것이 고구려 쌍영총벽화에서도 확인된다(그림 5.1). 특히 백제는 삼국 중 불교문화를 가장 꽃피웠던 나라로 백제에 불교가 유입된 것은 공식적으로는 384년 침류왕 즉위년(東晋孝武帝 12년)에 동진으로부터 호승(胡僧) 마라난타가 건너와 불교를 전하고, 그 이듬해에 새 도읍지인 한산주(漢山州)에 절을 창건하

〈그림 5.1〉 쌍영총벽화 "집안 고구려 고분벽화"

고 승려 10명을 입문시켰다. 또한 541년 성왕(聖王) 19년에 사신을 양(梁)에 보내 조공하고 표를 올려 모시박사, 열반 등의 경의(經義)와 아울러 공장(工匠), 화사(畵師) 등을 청하니 이에 따랐다[160]고 하였다. 한편 『일본서기』(日本書紀) 흠명천황(欽明天皇) 16년(554)의 기록에 백제가 조상신에게 제사를 드리지 않으므로 지금이야말로 지난 죄를 뉘우치고 신궁을 수리하여 조상께 봉제사를 지내야 국가가 창성할 수 있다고 하여 백제의 신궁과 제사풍습은 국정에 있어 중요한 부분이었음을 알 수 있다. 6세기 중엽 백제는 신라가 한강 하류지역을 점령하여 군주(軍主)를 두어 나제동맹을 파괴할 뿐 아니라 관산성 전투에서 백제 성왕의 죽음, 고구려의 웅진성 공격 등 위덕왕으로 하여금 왕궁터에 사찰을 짓고 선왕들을 제사함으로써 전쟁으로 실추된 백제 국왕의 권위를 되찾을 수 있기를 원했을 것이다. 이후 백제는 577년(위덕왕 24년)에 호국사찰인 왕흥사를 축조하여 승려 30명을 두었고 그해에 가뭄이 심해 위덕왕은 칠악사(七岳寺)에 행향하고 비를 빌었다[161]고 기록하고 있다.

---

160 金富軾, 崔虎(譯解), 『三國史記』(서울: 홍신문화사, 2004), 65쪽.
161 金富軾, 崔虎(譯解), 앞의 책, 70쪽.

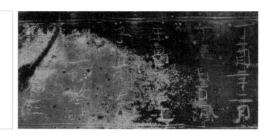

〈그림 5.2〉 사리함 명문

자료: 국립중앙박물관, 『百濟』, 백제특별전 도록(서울: 국립중앙박물관, 1999).

행향은 왕의 수레나 가마가 앞으로 나가면 뒤의 수행원들이 향로를 갖고 따라 가며 빙빙 도는 의식이다. 이때 향로는 세속에 병들고 찌들고 더러운 것을 정화 시키는 기능을 하며 온 세상의 화락한 평화를 가져다주는 백제 국왕의 권위와 권 능을 상징한다.[162]

『삼국사기』기록을 보면 왕흥사는 634년 무왕(武王) 35년 봄 2월에 완성되었는 데 절이 강물에 임하고 채색의 꾸밈이 장려하여 왕이 매양 배를 타고 그 절로 들 어가 향을 올렸다고 한다. 또한 3월에는 궁 남쪽에 못을 파고 궁남지를 조성하여 20여 리나 물을 끌어들였으며, 사방의 언덕에 버드나무를 심고 물 가운데 섬을 쌓아서 방장선산(方丈仙山)에 비겼다[163]고 하였다.

향로가 발견된 지점 역시 왕흥사에서 30m 떨어진 지점이며 향로의 형태와 구 조적 특성으로 볼 때 왕이 주도하는 국가적 행사에 사용되었던 신물임이 틀림없 다고 생각한다. 이와 같은 사실로 보면 백제의 금동대향로는 554년 성왕의 죽음 이후 〈그림 5.2〉의 사리함에 쓰인 명문[164]과 같이 577년 왕흥사가 축조된 시기 혹은 왕흥사가 완성된 해인 634년 부처님 개안식과 때를 맞춰 준비된 의물일 가

---

162 역사스페셜 1, 『고대사의 흥미진진한 블랙박스들』(서울: 효형출판, 2000), 117쪽.

163 金富軾, 崔虎(諺解), 앞의 책, 75쪽.

164 "정유년(577) 2월 15일 백제 창왕이 죽은 왕자를 위해 절(또는 목탑)을 세우고 본래 사리 두 매 를 묻었을 때 신의 조화로 셋이 되었다(丁酉年二月 / 十五日百濟 / 王昌爲亡王 / 子立刹本舍 / 利 二枚葬時 / 神化爲三)."

능성도 있다고 생각한다.

한편 향로의 매몰에 대해서도 여러 가지 추정이 있지만 637년 무왕 38년 봄 "2월과 3월에 왕도에 지진이 있었다."[165]는 기록과 660년 의자왕 20년 봄 2월에는 "왕도의 우물물이 핏빛 같았고 서해(西海) 가에 작은 고기가 죽어 나와 백성이 먹어도 다 먹을 수 없을 정도였으며 사비하의 물이 붉어 핏빛 같았고, 4월에는 개구리 수만 마리가 나무 위에 모여들었다. 왕도의 저자에게 사람들이 까닭 없이 놀라 달아나는데 마치 잡으려는 자가 있는 것 같았으며 이에 넘어져 죽은 자가 100여 명, 잃어버린 재물은 헤아릴 수가 없었다."는 기록과 그해 5월에 "폭풍우가 쏟아지고 천왕(天王) 도양(道讓) 두절의 탑에 낙뢰가 있었으며 검은 구름이 용과 같이 동서의 공중에서 서로 싸웠다."는 기록과 6월에 "왕흥사의 많은 승려가 보았는데 마치 돛배가 큰 물결을 따라 절문으로 들어오는 것 같았다."[166]는 『삼국사기』의 기록을 종합해볼 때 백제금동대향로는 660년 나당연합군에 의해 백제의 마지막 수도가 함락될 당시 "왕릉의 제사 책임자가 향로를 묻었다."고 하는 추정보다는 다소 비약적이기는 하나 660년 6월 "지진과 해일에 의한 천재지변으로 물에 떠밀려와 매몰된 것일지도 모른다."는 추정 또한 가능케 한다.

2) 향로 뚜껑에 표현된 산·새의 의미

백제금동대향로의 산형(山形) 뚜껑은 신산(神山) 정상에 긴 꼬리 깃털이 두드러진 봉황이 원형의 보주장식 위에 날개를 펼치고 비상하듯이 서 있고, 그 아래로는 다섯 봉우리의 정상에 기러기와 같은 새들이 앉아 있으며, 그 사이사이로 현금(玄琴)과 퉁소(簫), 완함(阮咸), 장적(長笛), 고(鼓)[167]를 연주하는 주악인이 표현되어 있다.

---

165 金富軾, 崔虎(諺解), 앞의 책, 75쪽.
166 金富軾, 崔虎(諺解), 앞의 책, 85-86쪽.
167 국립중앙박물관, 『百濟』, 백제특별전 도록(서울: 국립중앙박물관, 1999), 211쪽.

산은 세계의 중심과 축을 동시에 상징한다. 모든 나라마다 전설적으로 내려오는 신성한 산들은 그들 세상의 중심과 축의 기능을 발휘하면서 현실세계와 소통되어왔다[168]. 우리나라 역시 단군신화에서 태백산과 신단수를 통해 "신이 인간세계에 내려와 지상에 질서와 조화라는 새로운 창조를 가져왔다."[169]는 이야기도 이와 같은 맥락이다. 따라서 고대 한국인들에게 산은 생명의 원천이 되는 세계이며 사후 귀향처이고 생과 사를 주관하는 신들의 세계였다. 또한 하늘 역시 신들의 세계이며 주몽이나 혁거세와 같은 신의 자손이 인간으로서 삶을 다하고 돌아가는 사후세계였다. 이로써 고대 한국인들에게는 산상타계관(山上他界觀)과 천상타계관(天上他界觀)의 관념이 크게 자리하고 있었으며, 이들 사후세계관은 우리들로 하여금 사람이 죽으면 화장을 하거나 산에 묻음으로써 죽은 자의 영혼이 높은 곳으로 가는 것을 돕는다는 생각을 갖게 하는 것이다. 그러나 사후 하늘로 돌아가는 존재는 대개 왕이나 귀족 같은 사회 특권층이다. 이는 사회분화의 계층적 질서에 따라 수직적 사회질서의 정점에 있는 상층의 사람들만이 수직적 타계의 상층에 갈 수 있다는 것이다[170].

금동대향로의 산은 첩첩산중으로 표현되어 있고 매우 입체적이다. 이러한 입체적인 산의 중첩은 평양시 석암리 제9호분에서 출토된 낙랑시대 청동제 박산향로〈그림 9.3〉과 〈그림 9.4〉의 백제 납석제불보살병립상의 뒷면에 표현되어 있는 산의 모습과도 매우 흡사하다.

새들은 조우사상(鳥羽思想)과 관련하여 죽은 자의 영혼이 높은 곳으로 날아갈 수 있도록 돕는 조력(助力)의 의미를 갖는다. 이러한 관점으로 보면 향로 위에 앉아 있는 새는 아마도 죽은 선왕의 영혼이 돌아가야 할 시공간적 의미를 갖는 배려인지도 모른다.

168 뤽 브느와, 윤정선(역),『징표 · 상징 · 신화』(서울 : 탐구당, 1984), 74쪽.
169 나희라,『고대 한국인의 생사관』(서울: 지식산업사, 2008), 71-72쪽.
170 위의 책, 77쪽.

〈그림 5.3〉 낙랑시대 박산
향로

자료: 국립중앙박물관 소장, 『세
계의 미술』 No. 101.

〈그림 5.4〉 납석제불보살병립상 앞면과 뒷면

자료: 『부여박물관진열품도감』(국립부여박물관, 1977).

〈그림 5.5〉 백제금동대향로의 뚜껑
부분

　향로에 표현되어 있는 새의 형상은 낙랑 박산향로의 경우 거북이 등 위에 새가
있고 새가 향로의 윗부분을 받치고 있는 정적인 새의 모습[171]과는 달리 금동대향
로에서는 맨 꼭대기에서 힘차게 비상하려는 듯 날개를 활짝 핀 동적인 새의 모습
을 하고 있다. 이러한 것들이 바로 향로의 제작국이 백제이며 새는 바로 백제의
위상을 상징적으로 표현한 것이다.

---

171 朝日新聞社, 『世界の美術』, 週刊朝日百科 101 3/2(東京: 朝日新聞社, 昭和 55年), 11-16쪽.

3) 5주악상의 의미

　향로에 표현된 주악의 모습은 종교의식과 관계가 있는 것으로 해석된다. 백제는 원래 진왕(辰王)이 지배하는 마한(馬韓)을 구성하는 성읍국가(城邑國家)의 하나인 백제(伯濟)가 발전한 것이다[172]. 따라서 불교문화가 전해지기 이전의 백제는 마한의 종교와 풍속이 전승되고 있었으므로 신단(神壇)을 설치하고 신간(神杆)을 세운 후 여러 무당이 북치고 춤추며 성황신(城隍神)을 청하여 신(神)의 자리에 앉히고 검줄(儉乼)을 두르는 귀신에게 제사 지내는 고대 무축(巫祝)의 풍속[173]이 있었다.

　불교에서 공양과 장엄을 나타내기 위하여 가릉빈가(迦陵頻伽)를 비롯한 천인(天人), 8부신중(八部神衆)이 천(天)의 악(樂)을 지어 연주하는 모습을 새긴 상(像)을 주악천인상, 주악비천상이라고 한다. 비파(琵琶), 생황(笙簧), 공후(箜篌), 제금(提琴), 배소(排簫), 나각(螺角) 등의 악기를 연주하는 천인의 모습은 고구려 고분벽화를 비롯하여 사원의 불상, 범종, 석탑 등 여러 곳에서 그 모습을 찾아볼 수 있다.

　사찰에서는 원칙적으로 가무기악을 금하고 있다. 그런데 범종이나 부도에는 춤을 추고 악기를 연주하는 모습이 보이며 재(齋)를 올릴 때에도 큰소리로 악기를 연주한다. 『묘법연화경』 방편품을 보면 "만약 사람을 시켜 악(樂)을 지어 북을 치고 각구(角具)를 불며 퉁소와 피리, 거문고, 생황, 비파, 동발(銅鉢) 등의 여러 가지 묘음을 모두 가지고 공양하면 누구나 불도를 이루게 된다"[174]고 하였다. 이것으로 보면 향로의 주악상은 분명 불교적인 성격을 강하게 나타냄을 알 수 있다.

　금동대향로 악사는 다섯 명으로 구성되어 있다. 숫자 5는 짝수와 홀수로 이루어진 것으로 물질과 삶을 나타낸다. 즉 2+3, 수컷과 암컷인 것이다. 그것은 5원소(불, 공기, 흙, 물, 에테르)이며 5감, 다섯 손가락, 해와 달을 제외한 5각별이다. 고대시기의 황금분할이 연결되는 피타고라스 신봉자들의 5각별은 인간 자신을 나타내

172　李基白, 『韓國史新論』(서울: 一潮閣, 1985), 52쪽.
173　李能和, 李在崑(역), 『朝鮮神事誌』(서울: 東文選, 2007), 160-161쪽.
174　이진원, 『한국 고대음악사의 재조명』(서울: 민속원, 2007), 225쪽.

는 것[175]이라 하였다. 유목생활을 하는 몽골 초원에서도 숫자 5는 최고의 숫자이다. 따라서 흰색과 함께 행복을 상징하여 제사나 축하시의 음식은 반드시 5단으로 괸다.

백제는 통치체제에도 5의 개념을 도입하였다. 북사에 이르기를 백제의 도읍은 거발성(居拔城)이라 하고 또 고마성(固麻城)이라고도 하며 도읍 외에 오방성(五方城)이 있고, 5부(5部)가 있어 37군 200성 76만 호를 나누어 통치하였다[176]고 하였다.

『예기』(禮記) 「악기」(樂記)에 '예악형정'(禮樂刑政)이라 함은 치국평천하(治國平天下)의 도를 이루는 기본으로 여겨, 예(禮)로써 뜻을 이끌고 악(樂)으로써 그 소리를 화(和)하게 했고 정치로써 그 행동을 하나로 만들고 형벌로써 그 간사함을 막는다는 것이다. 무릇 음악은 사람의 마음에서 생기는 것이며, 정(情)이 마음속에서 동(動)하므로 소리로 나타내는데 그 소리가 곡조를 이룬 것을 음(音)이라 하기 때문에 치세(治世)의 음악이 안정되어 화락한 가락이 있는 것은 그 정치가 화평했기 때문이며 난세의 음악이 원망하여 노기를 띤 가락이 있는 것은 그 정치가 정도(正道)에서 벗어나 인심이 또한 자포(自抛)한 데 이르렀기 때문이다. 망국의 음악이 슬프면서도 괴로워하는 가락이 있는 것은 그 정치가 사납고 백성이 또한 곤궁하기 때문이다. 성음(聲音)의 길과 정치가 서로 통함이 이와 같다고 하였다.[177] 또한 성(聲)이 문채를 이루는 것을 음(音)이라 하고 오색(五色)이 문채를 이루어서 어지럽지 않음은 성의 조화요, 8풍이 율을 따라서 간사하지 않음은 율의 조화라 하였다. 군자가 악(樂)을 대할 적에 대소와 정조 간에 모두 수(數)가 있으므로 하늘의 중수가 5이니 그로 인하여 5성을 만들었고 땅의 중수가 6이니 그로 인하여 6율을 만들었다[178]고 하였다. 음의 오성인 궁상각치우(宮商角緻羽)를 정치에 비유하면 궁은 군

---

175 뢱 브느와, 윤정선(역), 앞의 책, 101쪽.

176 金富軾, 崔虎(譯解), 앞의 책, 241쪽.

177 權五惇(역), 『禮記』(서울: 홍신문화사, 1976), 208쪽.

178 조남권, 김종수(역), 『樂記』(서울: 민속원, 2000), 115-116쪽.
　　馬氏曰聲成文謂之音五色成文而不亂者聲之和也八風從律而不姦者律之和也君子之於
　　樂也小大精粗皆有數故天之中數五而因之以爲五聲地之中數六而因之以爲六律

(君)의 상징으로 삼고, 상은 신하(臣), 각은 민의(民意), 치는 민사(民事), 우는 재물(財物)의 상징으로 각각 삼는다. 또한 오행(五行)으로 보면 궁은 토(土)에 해당한다. 토는 중앙에 위치하여 궁의 가락은 묵직하고도 탁하여 묵음을 포괄하니, 마치 군이 만물을 감싸고 다스리는 것과 같으므로 군의 상징으로 삼는 것이다. 상은 금(金)에 해당하는데 가락이 묵직하고도 탁한 것이 궁에 버금가므로 신의 상징인 것이다. 각은 목(木)에 해당하는데 가락이 반은 맑고 반은 탁하여 5음의 중간에 위치하므로 신에 버금하여 백성의 상징으로 삼는다. 치는 오행으로 보면 화(火)에 해당하며 그 사용하는 가락이 맑다. 백성이 있어야 백성의 일이 있는 것이므로 백성에 버금하여 민사(民事)의 상징으로 삼는 것이다. 우는 수(水)에 해당하는데 그 가락이 극히 맑다. 백성의 일이 있어야 재물이 있는 것이므로 민사에 버금하여 재물의 상징으로 삼는다. 그러므로 이 다섯 가지 음이 어지럽지 않을 때는 무너지거나 깨지는 소리가 없으며 하나의 소리만 나는 것은 변화한 것이 아니니 5성이 서로 감응해야 변화가 생기기 때문에 무릇 예악을 악기에 실시하여 성음(聲音)에 올리거나 종묘사직의 제사에 쓰고, 산천 귀신을 섬기는 것은 백성과 더불어 함께 하는 것이다.[179]

금동대향로의 오악사는 분명 향로가 제사의식과 관련이 있음을 의미하며 또한 그 제사는 종묘사직, 특히 백제 선왕 중에도 군왕이면서 가장 큰 업적을 남긴 왕에 대한 제사일 것이고 이것이 곧 하늘에 대한 제사인 것이다. 따라서 백제가 추구하는 이상국가를 예와 악을 통해 현실에서 이룩하기 위한 것이며 5주악의 조화는 앞서 언급한 바와 같이 '예악형정'의 실현을 상징하는 것이라 생각한다.

백제에서는 숫자 5의 의미를 두 가지 유형으로 표현했다고 생각되는데 첫 번째는 〈그림 5.6〉과 같이 5각형의 형태로 표현하는 방법이다. 왕과 왕비의 허리 부분에서 발견된 이들 은제장식에서 최고 지배자와 숫자 5의 상관관계를 생각할 수 있다. 두 번째 유형은 〈그림 5.7〉의 무령왕릉 출토 동경이나 향로의 주악상처

---

179 權五惇(역), 『禮記』, 앞의 책, 358-367쪽.

〈그림 5.6〉 왕의 허리 부분에서 발견된 은제 5각형 장식

자료: 국립공주박물관, 『공주박물관도록』(삼화출판사, 1981).

럼 대상을 숫자에 맞게 직접 표현하는 것
이다. 특히 동경에는 중앙의 둥그런 손잡
이를 중심으로 하나의 인물상과 네 마리의
질주하는 신수가 표현되어 있다.

　이와 같이 백제에서는 일찍이 여러 의미
에서 숫자 5에 대한 철학적 해석이 있었던
것으로 보인다. 즉 5는 예악을 통한 정치
적 도의 실현과 오제(五帝)・오방성(五方城),
오부(五部) 등 국가체제의 안정을 꾀하기 위
한 최고의 현실적 시스템이며, 오악사들의
연주는 선왕에 대한 추모와 이상국가 실현

〈그림 5.7〉 방격규구신수문경(方格規矩神
獸文鏡)

자료: 국립공주박물관, 『공주박물관도록』(삼화출판사,
1981).

에 대한 꿈을 표현하기 위한 상징적 의미로 표현하고 있는 것이다. 따라서 금동
대향로의 박산 형식은 중국 박산로를 기저로 한 것이라 하더라도 중국 박산로와
는 달리 한층 입체적인 산의 표현이나 오악사로 대신한 숫자 5의 의미는 백제가
품고 있던 이상세계 실현을 위한 것이고 이것은 백제의 정체성을 확실하게 보여
주는 요소이다.

백제의 복식

주악상 복식을 논하기에 앞서 백제 일반 복식에 대한 이해가 선행되어야 할 것이며 더불어 주변국가 복식과의 관계에 대해서도 살펴볼 필요가 있다. 백제 복식에 대해서는 중국 역사서에 부녀의 머리와 의복의 형태에 대해 매우 간략하게 기록하고 백제의 16관위 품계의 명칭과 대(帶)색, 6품 이상의 은화 관식(冠飾)에 대해서도 기록하고 있다(〈표 5.1〉 참조).

1) 문헌을 통해 본 백제 일반 복식

『남사』(南史)를 비롯한 여러 문헌의 기록(〈표 5.1〉 참조)을 보면 백제의 의복은 고구려와 거의 같고 정결하며 부인의 웃옷은 포(袍)와 비슷하며 소매가 약간 크다고 하였다. 백제인들은 머리에 관(冠)을 쓰고 상의인 유(襦)는 복삼(複衫), 하의인 고(袴)를 곤(褌)이라 했다. 왕은 큰 소매가 달린 자색 포와 청금고(青錦袴)를 입고 은화장식을 꽂은 검정색 라관(羅冠)을 쓰고, 가죽대를 띠고 가죽신을 신는다. 또한 부인은 화장을 하지 않고 처녀는 머리를 한 갈래로 땋아 뒤에 드리우고 출가를 하게 되면 두 갈래로 땋아 머리 위에 올린다고 하였다.

『북사』(北史)·『주서』(周書)·『구당서』(舊唐書) 등에는 백제 관위(官位)에 대해 16품으로 나눠져 있는데 좌평(左平) 5인 1품, 달솔(達率) 30인 2품, 은솔(恩率) 3품, 덕솔(德率) 4품, 간솔(杆率) 5품, 나솔(奈率) 6품이며, 나솔 이상은 관(冠)에 은화(銀華)장식을 하며, 장덕(將德) 7품은 자대(紫帶)를 띠고, 시덕(施德) 8품은 조대(皂帶), 고덕(固德) 9품은 적대(赤帶), 계덕(季德) 10품은 청대(青帶), 대덕(對德) 11품과 문독(文督) 12품은 황대(黃帶), 무독(武督) 13품·좌군(佐軍) 14품·진무(振武) 15품·극우(剋虞) 16품은 백대(白帶)를 띤다고 하였다.

문헌의 내용을 종합해보면 상의와 하의 위에 표의를 입고 상의와 표의의 형태

〈표 5.1〉중국사서의 백제 복식 관련 기록

도서명	내 용
南史	衣服淨潔 言語服章略與高麗同
北史	- 官有十六品左平率五人一品達率三十人二品恩率三品德率四品杆率五品奈率六品六品已上冠飾銀華將德七品紫帶施德八品皂帶固德九品赤帶季德十品靑帶對德十一品文督十二品黃帶武督十三品佐軍十四品振武十五品剋虞十六品白帶 - 婦人不加粉黛女辮髮垂後已出嫁則分爲兩道盤於頭上衣似袍而袖微大
隋書	- 官有十六品長曰左平次大率達率次恩率德率次杆率次奈率次將德服紫帶次施德皂帶次固德赤帶次季德靑帶次對德以下皆黃帶次文督次武督次佐軍次振武次剋虞皆用白帶....唯奈率以上飾以銀花.... - 其衣服與高麗略同婦人不加粉黛辮髮垂後已出嫁則分爲兩道盤於頭上
梁書	衣服淨潔今言語服章略與高麗同....呼帽曰冠, 襦曰複衫, 袴曰褌....
周書	- 官有十六品左平率五人一品達率三十人二品恩率三品德率四品杆率五品奈率六品六品已上冠飾銀華將德七品紫帶施德八品皂帶固德九品赤帶季德十品靑帶對德十一品文督十二品黃帶武督十三品佐軍十四品振武十五品剋虞十六品白帶 - 婦人衣以袍而袖微大在室者編髮盤於首後垂一道爲飾出嫁乃分爲兩道
舊唐書	王服大袖紫袍靑錦袴烏羅冠金花爲飾素皮帶烏革履官人盡緋爲衣金花飾冠庶人不得衣緋紫

가 고구려와 같다고 하였으므로 소매가 큰 직령 전개형 포(袍) 위에 대를 띠어 여며 입었음을 알 수 있다. 또한 관품에 따라 자(紫)−조(皂)−적(赤)−청(靑)−황(黃)−백(白)색으로 대의 색을 구별하였고, 머리에는 관을 쓰고 관에는 왕은 금화(金花), 6품 나솔 이상은 은화(銀花)를 입식하였음을 알 수 있다.

2) 백제 국사와 복식착장

 백제 복식의 착장 모습은 중국역사박물관 소장의 송대(宋代) 〈양직공도〉(梁職貢圖)와 대만고궁박물원 소장의 24국 사신이 그려진 당나라 때 염립본(閻立本)이 그린 〈왕회도〉(王會圖), 32국 사신이 그려진 〈고덕겸모양원제번객입조도〉(顧德謙摹梁元帝蕃客入朝圖, 〈그림 5.8〉) 중의 백제 사신을 통해 알 수 있다. 이들 중 중국국가박물관 소장의 양직공도는 저본이 남조(南朝) 양나라 때 것이므로 향로와 관계된 시기의 백제 국사 모습과 가장 근접한 것이다.

〈그림 5.8〉백제 사신. 왼쪽부터 〈양직공도〉, 〈왕회도〉, 〈고덕겸모양원제번객입조도〉

자료: 중국역사박물관 소장, 『중국낙양문물명품전』; 대만고궁박물관 소장, http://www.npm.gov.tw.

　　백제국 사신의 뒤편에는 백제의 역사와 풍속에 대해 기록되어 있는데 그 내용을 보면 백제의 기원은 동이(東夷) 가운데 마한(馬韓)에 속했으며, 진나라 말기에 고구려가 요동을 경략하자 낙랑 또한 요서 진평현을 점유하였다는 것과 백제에 대한 주체어를 낙랑으로 표기[180]하고 있는 것은 백제문화와 낙랑문화와의 계연성을 보여주는 중요한 대목이다. 복식과 관련한 내용도 적혀 있는데 『양서』(梁書)의 내용과 같이 모(帽)를 관(冠)이라 하고, 유(襦)는 복삼(複衫), 고(袴)는 곤(褌)이라 기록하였다. 직공도의 백제 국사는 머리에 관을 쓰고 있으며 수구, 옷깃, 섶, 밑단에 넓은 색선이 둘러진 장유(長襦)를 입고 넓은 포백대를 띠고 있다. 그 속에는 흰색의 유(복삼)를 입고 있다. 하의로는 길이가 발목 바로 위까지 오고 부리에 넓은 색선을 두른 폭이 넓은 고를 발목에서 묶지 않고 입었으며 신목이 높은 화를 신고 있다. 백제를 대표하는 사신의 자격으로 갔다 하더라도 그 복식이 중국사서의 내용과 다르지 않으므로 백제의 일반 복식 역시 이와 같은 형태의 옷을 이와 같은 형식으로 착용하되 다만 품계에 따라서 대(帶)의 색에 차등을 두어 위계질서를 세웠던 것이다.

180　국립부여박물관 편저, 『중국낙양문물명품전』(충청남도 부여: 국립부여박물관, 1998), 89-93쪽.

음악고고학(音樂考古學, archaeomusicology)은 고고학의 학문적 성과를 음악학에 적용시켜 당시의 음악과 그 문화 및 생활에 대하여 연구하는 학문이다. 음악고고학이란 용어를 처음 사용한 사람은 1947년 에스트라이허(Estreicher)[181]인데 음악학의 한 지류로서 음악학 연구에 매우 중요한 부분을 차지한다. 특히 역사가 깊은 동양문화권에서는 이에 대한 연구성과도 높아 서지적 연구와 회화자료, 출토된 각종 용(俑)의 모습을 통해 고대악기의 형태와 연주자세, 악기 편성의 종류와 연주자의 복식 등을 고증하고 재현해내고 있다.

우리나라의 경우 고구려 고분벽화 속 천상과 지상의 주악인의 모습과 신라시대 악인(樂人)토우의 출토, 비암사의 계유명아미타불 삼존상 부조와 범종 및 감은사지 출토 청동제사리기의 주악인의 모습, 백제금동대향로에 표현된 5주악상 등은 삼국시대 악기 연구에 매우 귀한 자료로 활용되고 있다. 특히 대전 월평동 유적에서 최초로 발굴된 현악기 일부와 광주 신창동에서 발굴된 현악기는 고대 현악기의 원형을 재현하는 데 결정적인 단서를 제공하고 있다. 정수일은 횡적(橫笛), 오현(五絃), 요고(腰鼓), 소(簫) 등 한반도의 고대악기류는 대부분 서역계 악기로 4~5세기경에 중국을 통해 고구려에 전해진 것[182]으로 설명하였다.

본 연구의 목적이 앞서 언급한 바와 같이 2010년 대백제전을 계기로 백제 음악과 악기를 연구하고 금동대향로의 5주악상(그림 5.9)을 근거로 백제 음악을 연주하는 연주자의 복식을 제시하는 것이다. 또한 실지 대백제전 행사에서 금동대향로의 5주악상의 이미지와 가능한 한 근접하게 표현함으로써 백제의 옛 정취를 함께 공감할 수 있도록 해야 하므로 주악상의 복식 근거를 백제 외의 대외적인 것에서

---

181 이진원, 앞의 책, 19쪽.
182 정수일, 『고대문명 교류사』(서울: 사계절, 2007), 462쪽.

〈그림 5.9〉 백제금동대향로 주악상

기본을 찾기보다는 백제적인 정체성을 밝히고 문헌과 회화자료를 근거로 백제의 일반 복식을 기본으로 하였다. 시대적 배경이 분명하므로 색상과 장식에 있어서도 연주복으로서 요구되는 시각적인 효과를 제안해야 한다.

1) 복식

주악상 복식과 관련한 선행 연구결과를 보면 안소영(1997)[183]은 백제금동대향로 주악상의 소매통이 매우 넓은 광수와 머리를 오른쪽으로 묶고 있는 계양(髻樣)은 백제만의 특유성을 갖는다고 하였다. 그리고 주변 국가와의 비교를 통해 백제복식이 고구려, 신라 복식과 같은 계통에 서 있으며, 한화(漢化)되기 이전까지는

---

183 안소영, "백제 복식에 관한 연구", 성균관대학교 대학원 석사학위논문, 1997.

중국의 복식보다 스키타이나 노인울라 복식의 영향을 더 많이 받았으며, 북방계통의 복식이 남쪽으로 전파되면서 기후조건의 차이에 따라 점점 소매가 넓어진 것이라고 하였다. 김미자[184]는 주악선인은 상의(上衣) 위에 치마를 입고 소매는 넓고 긴 포를 벌려 입고 있으며 나머지 3인도 잘 보이지는 않으나 이와 유사할 것으로 보이며 중국인의 복장이라 하였다. 또 요고를 연주하는 주악비천선인은 광수장유(廣袖長襦)에 관고(寬袴)를 입고 화를 신었으며, 머리에는 관을 쓴 것 같다고 보았다. 최은아[185]는 주악상의 발양은 주변 국가에서 볼 수 없는 백제만의 독자적인 양식이며, 주악상 이외의 향로 인물 전체의 복식의 여밈, 소매와 깃의 형태, 착장방법 등은 일정한 형식에 의한 것이 아니고 오히려 착장자마다의 개성에 따른 것이라 하였다. 서미영·박춘순[186]은 백제에 향로가 들어온 것은 중국을 통하였으며, 향로라는 것은 신앙의 대상물로 그 안에 표현된 인물은 일반인과 다른 상징적인 대상을 표현한 것이라 하였다. 따라서 주악상의 복식은 대상물이 갖는 사상적 배경과 그것을 들여온 나라들의 복식과의 깊은 연관성을 강조하면서 결론적으로 현학과 불교 및 도교의 영향 아래 합임을 한 관삼대수(寬衫大袖)의 옷이 유행했던 위진남북조시대 중국 복식이며 특히 남조 복식이라 규명하였다.

향로 제작시기로 추정되는 6세기 말에서 7세기에 걸친 기간 동안 백제의 대중국관계를 근거로 이러한 견해를 갖게 하며, 향로에 표현된 다른 인물들의 복식에서는 외래적인 요소가 많이 반영되어 있는 것도 사실이다. 그러나 주악상 복식에서 보이는 남조의 요소들은 부분적이며 온전히 남조 모습 그대로는 아니기 때문에 전적으로 남조의 의복이라고는 단정할 수 없다. 또한 배소를 불고 있는 주악상은 다른 주악상과는 달리 가슴 아래쪽 선의 표현이 일본 동경국립박물관에 소

184 김미자, "백제문화권 복식의 특징", 『백제문화권 전통축제의 의미와 전망』(전통민속문화보존회 학술심포지엄발표요지, 1998). 45쪽.

185 최은아, "백제 복식 연구", 전남대학교 대학원 석사학위논문, 2001.

186 서미영·박춘순, "백제금동대향로 주악상 복식 연구", 『한국의류산업학회지』 제6권 제1호(한국 의류산업학회, 2004), 69쪽.

〈그림 5.10〉 마야부인상
자료: 『日本の美術』.

장되어 있는 〈그림 5.10〉 마야부인상의 착장 모습과 매우 흡사하다.

아스카 시대(飛鳥時代, 552-645)에 제작된 것으로 알려져 있는 마야부인상은 이 시대 부인의 예장 형식을 볼 수 있는 귀한 자료인데, 당시의 여자의 복장은 수령(垂領)의 단의(短衣) 위에 가슴 위치에서 군(裙, 裳)을 걸쳐 입었다. 이것은 중국의 수(隋)·당(唐)대의 착장 형식에 영향을 받은 것으로 이 시기에 백제를 통해 이러한 중국풍의 착장법이 일본에도 전해진 것으로 생각된다. 특히 마야부인이 입고 있는 의군(衣裙)은 예복 형식으로 상(裙) 위에 표상(表裳)[187]을 입고 가슴 위치에 맨 포백대 위로 표상의 윗부분을 겉으로 접어 내려뜨렸다.

배소를 불고 있는 주악상 역시 다른 주악상과는 달리 저고리 허리 밑부분에 너풀거림이 있어 이것은 표상착장을 표현한 것으로 보인다.

『삼국사기』(三國史記)에 백제 악(樂)에 대해 『통전』(通典)의 기록을 인용한 것을 보면 '舞子二人 紫大袖裙襦 章甫冠皮履'[188]라 있어 춤추는 자의 복식에 대해 기록한 것이라 하더라도 함께 음악을 연주하는 사람 역시 이와 같은 차림이었을 것이다.

백제사회에서 악인(樂人)은 품계를 받은 계층이었으며 백제 성왕 때 역박사 시덕(施德, 8품) 왕도량(王道良)과 고덕(高德, 9품) 왕보손(王保孫), 의박사 나솔(奈率, 6품) 왕

---

187 日野西資孝(編), 『日本の美術』6, No.26(東京: 至文堂, 1967), 24-25쪽.
188 金富軾, 崔虎(역해), 앞의 책, 167쪽.

유릉타(王有惨陀), 채약사 시덕(8품), 고덕 정유타(丁有陀)와 악인 시덕(8품) 삼근(三斤) 등을 일본에 보내고 이후에도 사공(寺工) 등을 포함한 와박사(瓦博士), 화공 등을 보내어 이른바 일본의 아스카 문화 발전에 기여했음은 사서를 통해 알 수 있다. 실지 백제의 악인은 조선시대의 양인이나 중인계층에 속하면서 천시되었던 악공과는 달리 귀족, 관료계층에 포함되어 우대받았던 사실을 알 수 있다.[189]

위의 사실을 종합해본다면 일본에 보내진 백제 악인의 관위는 시덕 8품인 것에 근거하여, 남자 연주자의 차림은 직공도의 백제 사신의 모습과 같이 폭이 넓은 바지에 비색(緋色)의 포를 입고 조대(卓帶)를 띠고 가죽신을 신었을 것으로 생각한다.

2) 두식

중국사서에 백제 여인들의 머리 모양에 대한 기록이 있으나 실지 그 형태를 정확히 유추하기는 어렵다. 이러한 가운데 주악상의 발양 (그림 5.11)에 대해 그동안 국내 학자 간에도 백제 고유의 발양이라는 의견과 남조 여인들의 머리에 이와 유사한 형태가 있어 중국 Y계(그림 5.12) 형식이라는 의견이 분분하였다. 그러나 일본 아스카 시대의 마야부인상의 머리(그림 5.13) 역시 주악상의 귀 옆에 있던 머리가 정수

〈그림 5.11〉 주악상
자료:『中國歷代婦女裝飾』.

리 부분에 가로로 뉘어져 표현되어 있을 뿐 머리를 묶은 형식이 매우 유사하다.

한편 고구려 고분벽화를 보면 이미 이 시기에 여자들은 다양한 머리 형태를 하고 있었고 특히 결혼하지 않은 여자아이들은 지금처럼 귀엽게 머리를 양 갈래로

---

189 국사편찬위원회, "한국사 6 삼국의 정치와 사회",『Ⅱ백제』(서울: 탐구당, 2003), 232쪽.

〈그림 5.12〉 중국의 Y계
자료: 『中國歷代婦女裝飾』.

〈그림 5.13〉 마야부인상
자료: 『日本の美術』.

〈그림 5.14〉 우교차도
자료: 『고구려 고분벽화』.

나눠 다양한 방법으로 묶은 모습을 볼 수 있기 때문에 주악상의 머리 형태가 특별한 형식이거나 의미를 갖는다고는 생각되지 않는다. 특히 덕흥리 고분의 앞 칸 북벽 벽화에 그려진 마차를 끄는 소년 혹은 소녀의 머리 형태는 〈그림 5.14〉와 같이 주악상의 오른쪽 귀 옆에 묶어 올린 것과는 방향만 다를 뿐 매우 유사하다. 따라서 주악상의 머리 형식은 특별함보다는 백제의 어린 여자들이 일상에서 했던 머리 형태로 받아들이는 것이 마땅하다. 조용진 박사[190]는 향로의 주악인물은 북방계 얼굴 형상을 하고 있는 실제 백제인이며 16세를 전후한 미혼의 여자들인 것으로 추정하였다.

남자 연주자의 경우 백제가 성왕 때 일본에 보냈던 악인의 품계가 8품 시덕이었던 것에 근거하여 간단한 변형(弁形) 건(巾)의 형태를 썼던 것으로 생각한다.

3) 색상

의복, 대, 신발 등의 색상은 다음 네 가지 가설에 따라 달라질 수 있다. 첫째, 『삼국사기』의 백제 무자 복식을 근거로 자색의 소매가 큰 포에 검은색 대를 띠는

---

190 얼굴연구소 소장, 2010년 2월 11일 자문회의.

경우, 둘째, 일본에 보내진 악공의 관위가 8품 시덕인 것에 근거하여 붉은색 포에 검은색 대를 띤 경우, 셋째, 백제의 국가 성립이 고구려와 무관하지 않음과 백제의 정치체제와 문화, 기술 등에는 고구려 요소들이 내재되어 있을 것을 기저로『삼국사기』의 고구려 악공 복식에 대한 기록에 근거하여 황색의 소매가 큰 상의와 바지를 입고 자색 비단으로 만든 포백대를 띠고 적색 가죽신을 신는 것, 넷째, 백제금동대향로의 독창적인 제의적 성격을 강조하여 백색으로 한 경우이다. 그러나 이 중에서 가장 백제적인 것을 생각하면 붉은색 포에 검은색 대를 띠는 것이 타당하다고 생각한다. 그러나 현 시점에서의 연주는 남자 연주자들도 있음을 고려하여 남자의 포의 색은 음양의 조화를 맞춰 청색 계통에 검은색 대를 띠는 것이 바람직할 것으로 생각한다.

4) 재현

주악상 복식재현을 위한 작업(그림 5.15)은 첫 단계로 옷의 형태에 대한 역사적 근거를 백제와 백제의 악(樂)에 대한 문헌자료를 중심으로 백제 국사, 마야부인 상, 성덕태자상에 표현된 옷의 형태와 착장을 참고하여 복식 종류와 형태의 기본형을 설정하였다. 두 번째 단계에서는 복식의 형태를 가장 잘 표현해주고 있는 주악상 표본을 설정하고 이들 표본의 외형적 실루엣을 근거로 여러 가지 착장형식을 제시하였다. 세 번째 단계는 실지 제작을 위해 복식의 형태를 도식화로 표현하였다. 남자 고의 경우 밑단을 오므린 형태와 백제 국사와 같이 밑단을 오므리지 않은 형태 두 가지로 제시하였다.

색상에 대해서는『통전』을 인용한『삼국사기』의 기록을 근거로 백제 악(樂) 중의 무자(舞子)[191]복식을 참조하고 또 백제의 색복제가 자·비·청의 3색으로 구분되어[192] 있었다는 점을 근거로 여자는 붉은 자색 계통, 남자는 청색 계통으로 포

---

191 무자는 두 명인데 큰 소매가 달린 자색 군유를 입고 장보관(章甫冠)을 쓰고 가죽신을 신는다.

색(袍色)을 제시하였다.

일본에 보내졌던 악사의 신분이 시덕(施德) 8품이라는 것에 준하여 대의 색은 조색(皂色)으로 제시하였다.

옷감은 사서에서 확인되는 백제의 직물 종류로 금(錦), 능(綾), 라(羅), 사(紗), 견(絹)[193] 등이 있었으므로 이러한 사실이 실지 제작에도 반영되어야 한다.

주악상 복식의 최종 형태, 색상, 재료 등에 대해서는 백제문화 콘텐츠로서 백제 음악이 연주되고 복식 또한 이들 목적으로 연주자가 착용할 것이라는 것을 고려하면 역사성이 있는 옷으로서의 원형을 토대로 하되 무대의상으로서의 시각적 효과와 기능적 요소를 충분히 고려하여 제작해야 할 것이며, 실지 착장과 시연을 통해 문제점을 보완하도록 해야겠다.

192　金東旭, 『百濟의 服飾』(서울: 백제문화개발연구원, 1885), 108-109쪽.
193　국사편찬위원회, 앞의 책, 225쪽.

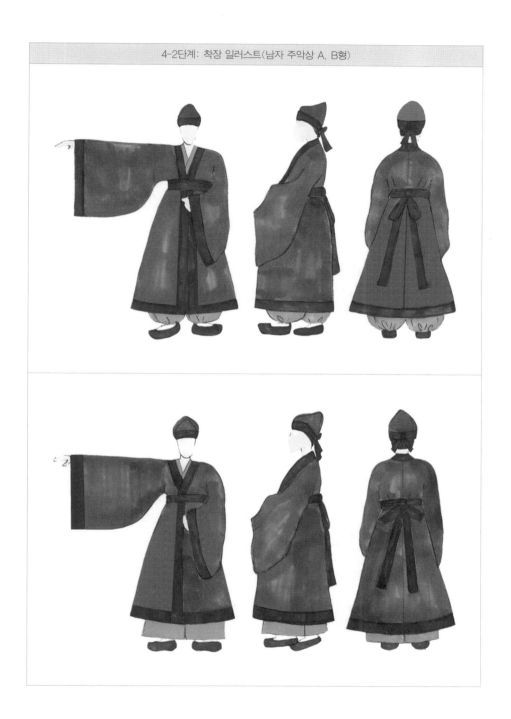

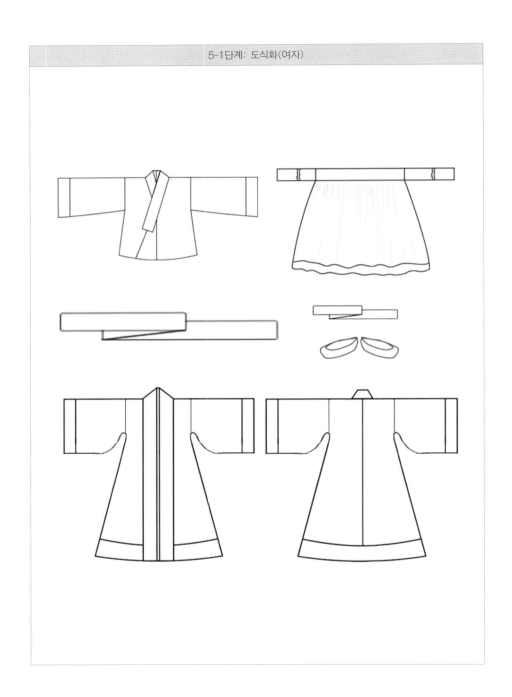

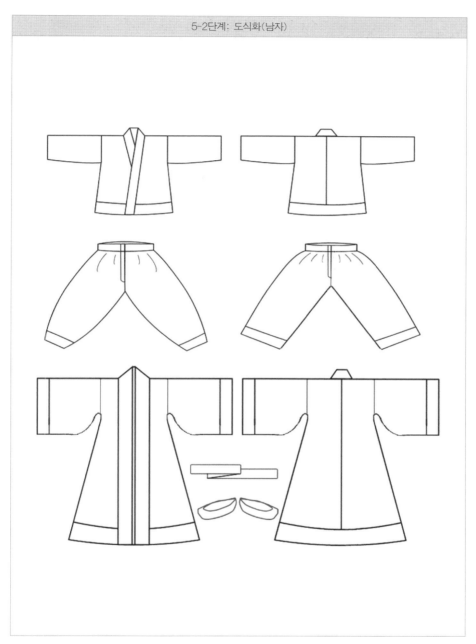

〈그림 5.15〉 재현작업 단계

나가는 말

　이상의 내용을 중심으로 내린 결론은 다음과 같다.

　첫째, 백제금동대향로는 백제가 꿈꾸는 이상국가에 대한 실현과 선왕들에 대한 예를 표하는 의식에 사용된 의기임에 틀림없다.

　둘째, 5주악상의 숫자 5는 고대시기의 기수법 중의 하나인 5진법의 수의 개념을 2와 3, 즉 음과 양이 합쳐져 이루어낸 완성을 의미한다.

　또한 이상적인 정치체제의 기본을 '예악형정'에 두고 이상국가를 실현하고자 했던 백제의 정치이념이 음의 오성인 '궁상각치우'(宮商角緻羽)에 따라 궁은 군(君)의 상징으로 삼고, 상은 신하(臣), 각은 민의(民意), 치는 민사(民事), 우는 재물(財物)의 상징으로 삼아 5성이 서로 감응해서 성음(聲音)을 이루는 것에 대한 표현이라 할 것이다. 따라서 성음을 이룬다는 것은 곧 백제의 안정과 화평을 상징하며 이것은 백제가 꿈꾸는 이상국가의 모습인 것이다. 이를 위해 또한 성음은 종묘사직의 제사에 쓰고, 산천 귀신을 섬기는 것에도 사용된다. 따라서 향로의 오악사는 분명 향로가 제사의식과 관련이 있음을 의미하며, 그 제사는 종묘사직, 특히 백제 선왕 중에도 군왕이면서 가장 큰 업적을 남긴 왕에 대한 제사일 것이고 이것이 곧 하늘에 대한 제사인 것이다.

　셋째, 배소를 부는 주악상 복식과 일본 아스카 시대의 마야부인상의 복식형태와 착장형식이 일치하는 것으로 보아 당시에는 중국 남조풍의 복식문화가 유행했던 것은 사실이나 주악상 복식 전체를 남조 복식이라고 단언할 수는 없다.

　넷째, 5주악상의 복식재현은 문헌과 회화자료를 통해 백제 일반 복식의 형태적 특성을 뽑아내고 다음 단계로 실지 주악상 중에서 복식의 형태와 착장이 비교적 구체적으로 표현되어 있는 3인의 주악상을 선정하여 전체적인 실루엣을 컴퓨터와 수작업으로 표현해보았다. 착장은 서 있는 모습으로 일러스트한 후 도식화로 의복 각각을 구체화하였다.

다섯째, 주악상의 복식을 온전하게 고증해내는 것은 현실적으로 불가능하다. 연구의 최종 목적은 자료를 충실히 분석하여 백제 복식을 토대로 향로의 주악상 복식과 가장 근접한 형태를 찾아내는 것이다.

연구결과 여자 연주자의 복식은 유(襦, 저고리)와 상·군(裳·裙, 치마)을 두 가지 형식으로 입고 그 위에 소매가 넓은 포(袍)를 입고 대(帶)를 띤 모습과 어깨에 표(裱, 목수건)를 두른 모습으로 재현하였다. 머리는 주악상의 모습과 같이 오른쪽에서 묶어 고정시킨 모습으로 제시하였다.

남자 연주자의 복식은 문헌기록과 양직공도에 그려져 있는 백제 국사의 모습을 근거로 복식형태를 정하였다. 폭이 넓은 고를 발목을 묶거나 묶지 않고 유를 입고 그 위에 소매가 넓은 포를 입고 대를 띤 모습을 제시하였다. 특히 백제는 품계에 따라 포 위에 띠었던 대의 색이 달랐으므로 백제 성왕 시기에 일본에 보내졌던 악인의 품계가 8품 시덕(施德)이었던 것에 기초하여 대의 색은 조색(皂色)으로 하였다. 머리에는 변형 건을 쓰도록 하였다.

이러한 내용을 근거로 완성된 연주복 시안은 착장과 시연을 통해 연주복으로서의 미적 요소와 연주복으로서의 기능적 요소를 검증, 보완해야 할 것이다.

참고문헌

『舊唐書』,『北史』,『周書』

김미자. "백제문화권 복식의 특징".『백제문화권 전통축제의 의미와 전망』(전통민속문화보존회). 학술심포
　　　지엄발표요지, 1998.

서미영 · 박춘순. "백제금동대향로 주악상 복식 연구".『한국의류산업학회지』제6권 제1호. 2004.

안소영. "백제 복식에 관한 연구". 성균관대학교 석사학위논문, 1997.

최은아. "백제 복식 연구". 전남대학교 석사학위논문, 2001.

홍대한. "멈추지 않는 노래 비천(飛天)".『월간 불광』5월호. 2003.

국사편찬위원회.『삼국의 정치와 사회문화』. 탐구당, 2003.

김동욱.『百濟의 服飾』. 백제문화개발연구원, 1985.

김부식, 최호(역해).『三國史記』, 홍신문화사, 2004.

김택규.『朝 · 日 文化比較論: 닮은 뿌리 다른 문화』. 문덕사, 1993.

권오돈(역).『禮記』. 홍신문화사, 1976.

나희라.『고대 한국인의 생사관』. 지식산업사, 2008.

뤽 브느와, 윤정선(역).『징표 · 상징 · 신화』. 탐구당, 1984.

신형식.『백제의 대외관계』. 주류성, 2005

역사스페셜.『고대사의 흥미진진한 블랙박스들』. 효형출판, 2000.

이기백.『韓國史新論』. 일조각, 1985.

이능화, 李在崑(역).『朝鮮神事誌』. 東文選, 2007.

이진원.『한국 고대음악사의 재조명』. 민속원, 2007.

정수일.『고대문명 교류사』. 사계절, 2006

조남권 · 김종수(역).『樂記』. 민속원, 2000.

국립경주박물관.『신라토우』. 1997.

국립공주박물관.『公州博物館圖錄』. 1991.

국립민속박물관.『오백년의 침묵, 그리고 환생』. 2000.

국립부여박물관(편저).『중국낙양문물명품전』. 1998.

국립중앙박물관.『百濟』. 특별전 도록. 1999.

조선일보사.『集安 고구려 고분벽화』. 1993.

中華五千年文物集刊.『古俑編』. 中華民國77年.

_____.『服飾編』. 中華民國77年.

龜井 高孝 · 三上 次男 · 堀米 庸三(編).『世界史地圖』. 吉川弘文館, 1992.

日野西資孝(編).『日本の美術』No.26. 至文堂.

林 巴奈夫.『漢代の文物』. 京都大學校人文科學研究所, 昭和51.

朝日新聞社.『世界の美術』. 週刊朝日百科101. 昭和55년.

1. 백제음원 및 콘텐츠 개발을 위한 학술회의 및 논평문

- 일시: 2009년 7월 21일(화)
- 주최: 국립국악원, 충청남도역사문화연구원, (재)국악문화재단
- 주관: 충청남도, 부여군, 국립민속박물관, 충남문화산업진흥원, 백제문화제추진위원회

2. 백제 창작 가사

〈백제 창작가사〉

① 금동대향로(송문헌), ② 백제 아리랑(김필연), ③ 백제의 꿈(한정희), ④ 오악사의 꿈(전경애), ⑤ 오호라, 태평성대로세(이향숙)

〈백제 가사 정리 자료집〉

- 장르: 백제의 시대적·지역적·소재적 차원을 반영한 모든 장르의 시가 대상
- 백제가요, 향가, 고려가요, 시조, 가사, 판소리, 민요, 무가, 현대시, 대중가요, 현대가곡, 한시 등

3. 백제 오악기 연구 논문

① 백제금동대향로 주악상의 금쟁류 현악기 고찰(송혜진)
② 백제금동대향로의 화생전변적 상징구조와 제작목적(조경철)

4. '대백제의 숨결' 공연 영상

① 백제 아리랑
- 실내악
- 작곡: 이상규

② 백제의 꿈
- 실내악
- 작곡: 이상규
- 작사: 한정희

③ 백제인의 미소
- 관현악
- 작곡: 황의종

④ 영기
- 실내악
- 작곡: 윤혜진

⑤ 산성의 아침
- 관현악
- 작곡: 이준호

⑥ 백제여! 향로여!
- 관현악
- 작곡: 전인평
- 작사: 전경애

⑦ 달아노피곰
- 관현악
- 작곡: 이정면

5. 백제 오악사 복식 연구 논문

백제금동대향로 주악상 복식재현을 위한 연구 논문
(윤양노)

6. 대백제의 숨결 음원 악보

1,400년 전, 백제의 음악을 만나다
〈NEW BAEKJE WAVE〉

저자 소개

김동규

호서대학교 문화콘텐츠대학원을 졸업하고 문화콘텐츠연구센터에서 상임연구원을 거쳐 호서대학교 콘텐츠비즈니스학과 강사활동을 하였다. 현재 충남문화산업진흥원 콘텐츠산업팀장으로 재직 중이며, 이 책에서 다루고 있는 백제음원 복원 및 콘텐츠 개발 사업을 총괄하였다.

박진호

한양대학교 문화인류학과를 졸업하고, 현재 한국과학기술원(KAIST) 문화기술연구센터 선임연구원으로 재직 중이며, 디지털 복원 전문가로 활동 중이다.

윤양노

성신여자대학교 의류학과에서 한국의복구성, 동양복식사를 전공하고 이학박사학위를 취득했다. 이후 한국 색채연구소 선임연구원을 거쳐 현재 중부대학교 패션디자인학과 교수로 재직 중이다.

이숙희

경북대학교와 동대학원 및 한국학중앙연구원에서 국악학을 전공하고, 문학박사학위를 취득했다. 현재 국립국악원 학예연구관으로 재직 중이다.

이찬호

수원대학교를 나와 홍익대학교 광고 · 멀티미디어학을 전공하고 석사학위를 수료했으며, 현재 충남문화산업진흥원 콘텐츠산업팀 연구원으로 재직 중이다. 백제 음원 재현 및 콘텐츠 개발 사업 담당자이기도 하다.

조경철

연세대학교를 나와 한국학중앙연구원에서 백제불교사로 문학박사학위를 취득했다. 이후 한신대학교 학술원 전임연구원을 거쳐 한국학중앙연구원 동아시아역사연구소 객원연구원과 연세대 강사로 재직 중이다.

박준형

홍익대학교 대학원에서 광고 · 멀티미디어 디자인 전공하였으며, 미술학 석사학위를 취득하였다. 충남발전연구원에서 연구원으로 재직하였으며, 현재는 충남문화산업진흥원 전략기획팀장으로 재직 중이다.

송혜진

서울대학교 국악학을 전공하고 한국정신문화연구원 한국학대학원 석사 · 박사 과정에서 문학박사학위를 취득했다. 영국 더럼대학교 객원연구원, 국립국악원 학예연구관을 역임했고, 현재 숙명여자대학교 전통문화예술대학원 교수로 재직 중이다.

윤종선

고려대학교 국어국문학과를 졸업하였으며, 동대학원에서 고전문학을 전공하고 문학박사학위를 취득했다. 현재 고려대학교 초빙교수로 재직 중이다.

이윤주

한양대학교 및 동대학원에서 국악작곡을 전공하고 음악석사학위를 취득했다. 현재 국립국악원 학예연구사로 재직 중이다.

정창권

고려대학교 및 동대학원 국문과를 졸업하고 문학박사학위를 취득했다. 현재 고려대학교 교양교직부 교수로 재직 중이다.